Short Latin stories

Philip Dunlop

CAMBRIDGE
UNIVERSITY PRESS

To the Teacher

This collection of stories is designed to be used by pupils in their first, second and third years of Latin.

The stories have been chosen first and foremost as stories. I hope they will be found entertaining as such. Of course some of them may labour a little from having to be expressed in simplified Latin. But I hope they do not have the feel of being too 'improving' or even too informative.

They have been selected from a wide range of sources – Greco-Roman fables, myth and history, Latin and English literature, and the stock of traditional tales which have the kind of timeless quality which has made them easy to set in a Roman context. On the whole I have tried to avoid stories which pupils may already know or which they are quite likely to meet later in their Latin reading. The stories progress in difficulty and among the more difficult ones there are some which are adapted directly from the Latin of their originals, but none is anything less than an adaptation; I am solely responsible for any defects of Latinity.

The origins of those stories adapted from classical literature, together with brief outlines of the subject-matter of each story, are listed in Appendix A.

As to the use the stories may be put to in the classroom, they have been presented so as to be as adaptable as possible. This I hope also justifies their lack of uniform length. It should be possible to find stories to fit different time-requirements; but most can be used as the basis of a single classroom period if the method of approach is varied; or the longer ones can be deliberately used to provide material for homework, say, as well as one or more classroom periods.

One of their main functions will be to provide change and variety for pupils using regular Latin courses, often based on reading that sets familiar characters in a continuous context. These stories will give pupils the opportunity of discovering that the same language, often the same vocabulary and idioms, have equal validity in totally different contexts. This can only strengthen their appreciation of Latin as a viable and flexible language.

A word of warning however is appropriate at this point. The mere fact of stepping from one well-known milieu to another unfamiliar one presents an extra challenge to the pupil which the teacher may well wish to take into account when assessing the easiness or difficulty of a given story.

Using skills and vocabulary learnt in familiar contexts in order to sort out the unfamiliar is, of course, the process fostered and tested by the traditional discipline of 'unseen translation'. In many ways these stories represent an introduction to the 'unseen'. Many teachers will want to use them primarily in this role. But I hope they will not be seen exclusively as a set of written exercises. I suggest that equally often they should be tackled orally, with the translation being built up on a contributory basis by the class, or largely supplied by the teacher, in order either to concentrate on the *story* and the subject-matter, or to highlight particular points of language or recently learnt vocabulary. As an alternative to straight translation, pupils can of course be asked to answer comprehension questions in English. Some of the stories have been supplied with sets of questions covering roughly half the story (usually the more difficult half), and I feel sure that teachers would have little difficulty in supplying questions on similar lines to cover the rest of these stories, or any of the other ones.

The novelty of the stories may also be valuable for language revision. The stories introduce new linguistic features in a steady progression, and many contain a fair variety of examples of a new feature, reinforced by other examples in the succeeding stories. Story 27, for example, could be used for revising Present Participles, no. 31 for Final Clauses, no. 48 for the Accusative and Infinitive, either on their own or in a group with other adjacent stories. In one or two cases, especially no. 30 (Indirect Questions) and no. 32 (Participles), some of the accompanying comprehension questions are designed to bring out the way in which the new linguistic feature contributes to the sense.

Whether by way of revision or normal 'consolidation', a possible line to follow is to read the stories first and then work through exercises based on them. Such exercises, to be devised by the teacher, are really beyond the scope of this book, but here are one or two suggestions.

Stories 36 and 39 feature forms of the Passive and of Deponent Verbs respectively. Teachers might begin by inviting pupils to pick out from the text the relevant forms. In no. 39 this could even be preceded by picking out Deponents from their appearance in the glossary below the text (and the glossaries of succeeding stories). In the case of no. 36 this could be followed by a formal exercise, to develop understanding of the Perfect Passive, like this:

From the pool of forms pick out the form that correctly fills the blank in each sentence; then translate the completed sentence.

invītātus sum   invītāta es   invītātus est   invītātī sumus   invītātae estis   invītātī sunt

1 Diogenēs ad cēnam ————————— .
2 tū, ō optima toga, ad cēnam ————————— .
3 ego ad cēnam nōn ————————— .
4 dīvitēs ad cēnam ————————— .
5 vōs fēminae ad cēnam nōn ————————— .
6 nōs pauperēs ad cēnam nōn ————————— .

Next here is an exercise designed to practise understanding of the tenses:

1 Indicate which of the following forms are PRESENT, which are IMPERFECT, and which PLUPERFECT:

invītantur, admittēbātur, abāctus erat, mūtābantur, offeruntur, fūsum erat, cōnsūmitur, cōmptī erant, tōnsa erat, induēbantur.

2 Discuss how each of these might have been used in the Latin text, if the story had been told in a different way.

Now a third possibility – a set of sentences to translate, based on the subject-matter of the story, but varying the language:

1 cēna ā virō dīvite datur.
2 Diogenēs ā servīs abāctus est.
3 barba eius nōn tondēbātur.
4 capillī eius nōn cōmptī erant.
5 nunc toga splendida ā Diogene geritur.

This sequence could be extended to cover the rest of the story, and provides a formula which would fit many other stories.

Here finally are two exercises based on story 34, which feature Final (Purpose) Clauses and Consecutive (Result) Clauses:

1 (a) In lines 10–11 why did the Romans not hear the Gauls?
  (b) In lines 11 and 13, when Manlius was awakened, was it the *purpose* or *result* of the geese's activity?
  (c) In lines 18–20 why did the Romans throw down loaves?

2 Translate, so as to bring out clearly the difference in
  meaning between the following pairs of sentences:
  (a) ānserēs tantum strepitum fēcērunt ut Manlium
      excitārent.
      ānserēs magnum strepitum fēcērunt ut Manlium
      excitārent.
  (b) Gallī ad summam arcem tacitē pervēnērunt nē Rōmānī
      eōs audīrent.
      Gallī ad summam arcem ita pervēnērunt ut Rōmānī eōs
      nōn audīrent.
  (c) Rōmānī tot pānēs dēiēcērunt ut abundantiam cibī
      ostenderent.
      Rōmānī multōs pānēs dēiēcērunt ut abundantiam cibī
      ostenderent.

A similar formula could also be used for Story 37, which features
Indirect Command clauses as well as Final and Consecutive
clauses.

The other main function which the stories may fulfil in the
classroom is perhaps potentially the most appealing of all – the
opening up of fresh areas of subject-matter. Some Latin courses
make little use of myth or humour; something can be done here
to fill those gaps. Many stories of course simply go to reinforce
the 'background knowledge' already studied. Others may help to
build up in advance an incidental experience of wide and
important topics such as Roman government and administration
which will not be studied systematically until later. Some pupils
will be stimulated by the opportunity to open up a linear
historical perspective.

One or two types of subject recur, almost as themes, for
example fables from Aesop, stories about Roman Emperors,
stories from the early myth/history of Rome. It might be
interesting, where feasible, to read a group of these in succession
and then to discuss them afterwards as a single topic.

To give help in choosing stories by theme, a brief indication of
the type of subject-matter touched on by each story is indicated
in Appendix A.

There remains the question of how much Latin the readers of the
stories can be assumed to know. The stories are primarily
designed for the early years of learning Latin and are therefore
graded in difficulty, starting at the earliest level of attainment at
which I found it possible for suitable stories to be formulated in
Latin. From there on it seemed better to avoid a completely new

system of grading the levels of vocabulary and linguistic complexity, which might require elaborate explanation and justification, with excessive glossing of vocabulary. I have therefore followed an existing system, and the stories are graded in a scheme that corresponds to that of the Cambridge Latin Course (CLC). Appendix B gives details of the new linguistic features as they are added. For the convenience of CLC users, Appendix B also appends a CLC stage number to each story, showing that it includes vocabulary and idiom covered by this Course up to and including that numbered stage. CLC users will not normally tackle a story until after the completion of the corresponding numbered stage, particularly in view of the added difficulty presented by a change of context. Indeed all users will to some extent need to make an individual estimate of each story based not only on the linguistic grading but also on the actual language and idiom; the absolute difficulty of a story may vary considerably even when the linguistic base has been defined; extra help with vocabulary may be needed, even for CLC users. Stories 45–50 are not given stage numbers, though they relate in an undifferentiated way to the linguistic input of CLC *Unit IVA*.

The grading of the vocabulary is in accordance with the CLC 'checklists'. Pupils are expected to be familiar with all the lists up to and including the stage number assigned to each story. All other words are given in the glossaries below the text, with the exception of one or two words in each story which have been deliberately left unglossed in order to foster the skill of vocabulary-deduction, either from the context, or from the verbal roots involved and their English derivatives. These unglossed words are also listed in Appendix B.

All words, except for those which only occur in stories where they require to be glossed below the text, are listed in a general vocabulary at the back of the book. Teachers using the stories as 'unseens' will have to take the customary precautions to prevent access to this; alternatively the required words can be quickly revised before tackling the story – at this junior level there is a lot to be said for trying to obviate the need for constant vocabulary-reference.

Philip Dunlop, Heaton Mersey, 1987

1 At a Roman auction

In Roman times people used to make bids at auctions just as
they do today; at an auction you would have to be careful not to
make any unintentional movements that the auctioneer might
think were deliberate signals; if you did, he might think that you
were bidding a higher sum of money than the last person to bid.

Apōnius ad auctiōnem vēnit. imperātor Caligula gladiātōrēs
vēndēbat. Apōnius tamen fessus erat. quod fessus erat, mox
nūtābat. diū dormiēbat et nūtābat. tum amīcus 'surge,
Apōnī!' clāmāvit. Apōnius subsellia circumspectāvit. prope eum
erant duo murmillōnēs, trēs bēstiāriī, octō rētiāriī. 'quid est?'   5
rogāvit Apōnius. 'cuius sunt hī gladiātōrēs?' 'nunc sunt tuī,'
respondit amīcus.

imperātor Caligula   *the emperor Caligula*
fessus   *tired*
mox   *soon*
nūtābat   *was nodding*
surge!   *get up!*
subsellia   *benches*
duo, trēs, octō are Latin numbers.
quid est?   *what's the matter?*
cuius?   *whose?*
hī   *these*

2   Perseus makes a prophecy come true

*King Acrisius of Argos had been told that, if he had a grandson,
the grandson would kill him. Therefore he shut up his only
daughter Danae in a tower. But the god Zeus visited her there in
the form of a shower of gold, and Danae had a child, Perseus.
Acrisius therefore put Danae and the baby Perseus in a chest
and pushed them out to sea to die. They survived.*

*When Perseus grew up, after many adventures he brought his
mother back to Argos. On the way there he came to Larissa . . .*

cīvēs Lārissaeī diem fēstum celebrābant. iuvenēs in palaestrā
certābant; pugilēs pugnābant; āthlētae currēbant et discum
ēmittēbant. Perseus quoque ad palaestram vēnit. Perseus omnēs
pugilēs superāvit. Perseus āthlēta celerrimus erat.

tum servus discum Perseō trādidit. Perseus ad mediam   5
palaestram prōcessit et discum ēmīsit. discus longē per aurās
ēvolāvit. multī spectātōrēs discum spectābant. inter spectātōrēs
erat senex. discus senem percussit. ēheu! senex mortuus erat.

'quis erat ille senex?' rogāvit Perseus.

'ille senex erat Ācrisius,' cīvēs Lārissaeī respondērunt.   10
'Ācrisius erat rēx. sed Ācrisius nepōtem habēbat. Ācrisius ē
rēgnō discessit et hūc vēnit, quod nepōtem timēbat.'

'ego,' inquit Perseus, 'sum ille nepōs.'

diēs fēstus   *festival*
certābant   *were competing*
celerrimus   *swiftest*
inter   *among*
rēx   *king*
nepōs (accusative: nepōtem)   *grandson*
ē rēgnō discessit   *left his kingdom*
hūc   *here*

3   Waiting for the right moment

*In Roman times, as today, a skilled musician would not buy an
instrument for himself without the opportunity to test it first.*

Aulus et Publius tībiās faciēbant. tībiae erant optimae. Aulus et
Publius multīs cīvibus tībiās ostendērunt, sed cīvēs tībiās nōn
emēbant.

Aulus et Publius amīcum in forō salūtāvērunt. amīcus 'herī,'
inquit, 'Philomūsus urbem intrāvit. Philomūsus est optimus   5
tībīcen. Philomūsus cotīdiē nōnā hōrā ad thermās venit.'

8

Aulus et Publius ad thermās nōnā hōrā contendērunt.
Philomūsus in palaestrā sē exercēbat.
'nunc?' Aulus Publium rogāvit.
'minimē!' respondit Publius. 'Philomūsus sē exercet; fessus   10
est.'
Philomūsus tepidārium intrāvit.
'nunc?' Aulus iterum rogāvit.
'minimē!' respondit Publius. 'nunc Philomūsus sūdat. digitī
sunt lūbricī.'   15
Philomūsus caldārium intrāvit.
'nunc?' rogāvit Aulus.
'minimē!' respondit Publius. 'servus Philomūsum rādit; et
Philomūsus nunc etiam plūs sūdat.'
    tum Philomūsus frīgidārium intrāvit. Aulus et Publius quoque 20
frīgidārium intrāvērunt et tandem Philomūsō tībiās ostendērunt.
    'tībiae,' inquit Philomūsus, 'mē valdē dēlectant; sed modo ē
balneō frīgidō veniō. digitī meī sunt frīgidī. tantō pēius!'

tībia   flute
herī   yesterday
tībīcen   flute-player
cotīdiē   every day
nōnā hōrā   at the ninth hour
nunc   now
fessus   tired
sūdat   sweats
digitus   finger
etiam plūs   even more
modo veniō   I have just come
balneum   plunge(-bath)
tantō pēius!   what a pity!

1 What trade did Aulus and Publius follow?
2 How good were their products? Which Latin word tells you
   this?
3 What did they do to try to sell their products?
4 How successful was this?
5 What information did their friend give them?
6 At what time did he lead them to expect Philomusus would be
   at the baths?
7 Why did the friend tell them all this? What use do you think
   Aulus and Publius would make of the information?

4 The lion's share

This is a 'fable' – a short story, often about animals, but meant to illustrate the nature of human beings.

ōlim leō et onager bēstiās agitābant. leō erat ferōx; onager erat celer. multās bēstiās igitur cēpērunt. tum leō bēstiās in trēs partēs dīvīdit.

'ego,' inquit, 'prīmam partem capiō, quod ego sum rēx. ego alteram partem quoque capiō quod sum socius tuus. tertia pars tamen est tua.'   5

intereā leō tertiam partem avidē spectābat. mox fremuit et onagrō ferōciter dīxit, 'haec pars tē in magnum perīculum dūcit. tē moneō; abī quam celerrimē!'

onager fūgit.   10

onager   *wild ass*
celer   *swift*
capit: cēpit   *catches, takes*
pars: partem   *part, share*
prīmam   *first*
rēx   *king*
alteram   *second*
socius   *partner*
tertia   *third*
intereā   *meanwhile*
avidē   *greedily*
perīculum   *danger*
monet   *warns, advises*
abī!   *be off with you!*

5 All for one and one for all

This story describes an event from the early history of Rome, when Rome itself was still very small, and its enemies came from no further away than the next-door cities and neighbouring tribes. It contains another story, a story-within-a-story, in this case a kind of fable or parable.

ōlim Rōmae mīlitēs et ducēs dissentiēbant.

'vōs estis pessimī dominī,' mīlitēs dīcēbant. 'vōs estis ignāvissimī quoque. nōs hostēs superāmus. nōs semper in perīculō sumus. sed vōs in urbe manētis.'

mīlitēs igitur nōn iam pugnābant; ex urbe discessērunt. tum   5
omnēs cīvēs valdē timēbant, quod hostēs prope urbem erant.

tandem cīvēs Menēnium Āgrippam, optimum ōrātōrem, ad
mīlitēs mīsērunt.
Menēnius Āgrippa mīlitibus fābulam nārrāvit:

'ōlim contrōversia erat in corpore hūmānō. membra ventrem   10
vituperābant. 'nōs semper labōrāmus, sed venter immōtus manet
et cibum semper cōnsūmit.'
'manus "ecce!" inquit. "posthāc cēssō."
'et ōs "ego quoque cēssō," inquit.
'et dentēs "nōs quoque cēssāmus" dīxērunt.   15
'venter igitur in magnō perīculō erat, quod cibum nōn
accipiēbat. sed membra ventrem nōn superāvērunt. membra
quoque in perīculum vēnērunt, quod venter alimentum corporī
dat.'

mīles: mīlitem soldier
dux: ducem leader
pessimus very bad
hostēs, pl. the enemy
perīculum danger
nōn iam no longer
mittit: mīsit sends
in corpore hūmānō in the human body
membra, pl. limbs, parts
venter: ventrem stomach
immōtus motionless
manus hand
posthāc from now on
cēssat is idle, on strike
ōs mouth
alimentum nourishment

1 Which two groups of people at Rome were in disagreement?
2 Which group was complaining about the other?
3 What two accusations did this group make against the other
  group?
4 What contrast did they make between the kind of life each
  group had to lead?
5 What did they do next to back up their complaint?
6 Why were the citizens afraid as a result of this action?
7 The words 'optimum ōrātōrem' describe Menenius Agrippa;
  what was he excellent at?
8 What moral do you think Menenius Agrippa intended the
  soldiers to draw from his story?

6 Claudius chooses a wife

*Claudius, the Roman emperor, was said to be under the thumb
of his wives and freedmen; that is to say he could not make
decisions without consulting them first, and was very easily
persuaded by feminine charm, as the end of the story shows.
Amongst the noble families of Rome marriage was usually
arranged for social and political reasons; this helps to explain why
divorce and re-marriage were common. It is also interesting to see
that it is considered quite reasonable for Claudius to re-marry
a wife he has already divorced, and to marry his own niece.*

Claudius quattuor uxōrēs habuit. tertia uxor erat Messālīna.
Claudius Messālīnam necāvit, quod Messālīna coniūrātiōnem
fēcit. nunc uxōrem quartam quaerēbat.
   Claudius lībertōs vocāvit. 'quis est optima fēmina?' rogāvit
Claudius.   5
   'ego Lolliae faveō,' inquit Callistus; 'Lollia fōrmam habet, et
gemmās magnificās.'
   'tū Lolliae favēs,' inquit Pallās, 'quod Lollia est pulchra. ego
Āgrippīnae faveō. Āgrippīna fōrmam habet; Āgrippīna optimum
patrem quoque habēbat; pater erat Germānicus[1].'   10
   'ego,' inquit Narcissus, 'Āgrippīnae nōn crēdō, quod fīlium[2]
habet. tū quoque, domine, fīlium habēs. novercae fīliōs suōs
amant; prīvīgnōs nōn amant. sed ego Aeliae crēdō. vōs uxōribus
novīs favētis, sed ego uxōrī nōtae faveō. Claudius iamprīdem
Aeliam in mātrimōnium dūxit. Claudius Aeliam repudiāvit quod 15
Messālīnam adamāvit; sed Messālīna nunc est mortua. Aelia est
optima fēmina.'
   sed Narcissus Claudiō nōn persuāsit. Callistus Claudiō nōn
persuāsit. tandem Claudius Āgrippīnam in mātrimōnium dūxit.
Pallās tamen Claudiō nōn persuāsit. Āgrippīna ipsa Claudiō   20
persuāsit.

[1] Germanicus was Claudius' dead brother; he had been a highly popular military
   leader.
[2] Agrippina's son was the future emperor Nero.

quattuor   *a Roman number, which you can work out from the rest of the paragraph;*
   'quartam' in line 3 is also connected with it.

tertius *third*	iamprīdem *once before*
coniūrātiōnem fēcit *formed a conspiracy*	in mātrimōnium dūcit *marries*
fōrma *beauty*	repudiat *divorces*
gemma *jewel*	adamat *falls in love with*
noverca *stepmother*	ipsa *herself*
amat *loves*	persuādet: persuāsit
prīvīgnus *stepson*	persuades *(followed by dative case)*

7 The deification of Romulus

*Romulus, the first king of Rome, brought up, according to legend,
with his twin brother Remus by a she-wolf, was in later times
worshipped as a god. This story relates the events surrounding
his 'deification'.*

Rōmulus erat prīmus rēx Rōmānus. Rōmulus, postquam mūrōs
urbī addidit et hostēs superāvit, in forō cīvibus iūra dabat.
ecce! nūbēs dēnsissima sōlem cēlāvit. magnus imber incidit.
omnēs cīvēs tremōrēs sēnsērunt. fulmina ad terram
dēscendērunt. cīvēs fūgērunt. Iuppiter[1] Rōmulum ad caelum   5
portāvit.
    cīves, postquam ad forum revēnērunt, senātōrēs accūsābant:
'ubi est Rōmulus? vōs Rōmulum necāvistis.'
    sed proximā nocte Iūlius[2] Proculus ab Albā Longā[3] ad urbem
reveniēbat. lūna in caelō lūcēbat. subitō saepēs sinistrae   10
tremuērunt. Iūlius Proculus erat perterritus.
    tum Iūlius Proculus Rōmulum in mediā viā cōnspexit et
vōcem mīrābilem audīvit: 'gaudēte, ō cīvēs Rōmānī! ego nunc
sum deus. ex hōc tempore vōs estis in meā tūtēlā.'
    Rōmulus ēvānuit. Iūlius Proculus ad urbem festīnāvit et rem   15
cīvibus nārrāvit.

[1] The English equivalent of this is Jupiter.
[2] This name is spelt Julius in English.
[3] Alba Longa was an ancient town near Rome.

rēx   *king*
hostēs   *enemies*
iūra dat   *pronounces judgements*
sōl: sōlem   *the sun*
cēlat   *hides*
imber   *shower of rain*
fulmina, pl.   *thunderbolts*
caelum   *the sky, heaven*
senātōrēs   *the senators (councillors)*
ubi?   *where?*
proximā nocte   *the next night*
saepēs sinistrae, pl.   *the hedge on his left*
tremit: tremuit   *quivers, shakes*
vōx: vōcem   *voice*
gaudēte!   *rejoice!*
ex hōc tempore   *from now on*
tūtēla   *protection*

8 The man in the empty theatre

Euōnymus erat Argīvus. Euōnymus gentem nōbilem, vīllam
splendidam, multōs servōs, magnās dīvitiās habēbat; erat
optimus quoque vīcīnus, optimus hospes; uxōrem valdē amābat,
servōs lēniter tractābat, vīnum sine ēbrietāte bibēbat.
Euōnymus tamen in theātrō semper sedēbat. theātrum erat   5
vacuum. nūllī āctōrēs fābulam agēbant, nūllī spectātōrēs
scaenam spectābant. sed Euōnymus laetus sedēbat et interdum
plaudēbat.
'Euōnymus est īnsānus,' dīxērunt Argīvī.
tandem amīcī Euōnymō elleborum dedērunt. Euōnymus,   10
postquam elleborum cōnsūmpsit, erat sānus. nōn iam in theātrō
vacuō sedēbat.
'nōs tē servāvimus,' dīxērunt amīcī. 'tū erās īnsānus. ecce!
nunc es sānus.'
'ego fortasse īnsānus eram,' respondit Euōnymus; 'sed laetus   15
quoque eram. vōs mē nōn servāvistis: vōs mē occīdistis; nam
voluptātem meam abripuistis!'

Argīvus   a citizen of Argos
dīvitiae, pl.   riches
vīcīnus, hospes, ēbrietāte   the meaning of these nouns is not the same as, but
   may be guessed from, the English words derived from them: 'vicinity'
   (neighbourhood), 'hospitality' (entertaining guests), and 'inebriated' (drunk).
amat   loves
lēniter   gently
tractat   treats
sine   without
interdum   from time to time
elleborus   hellebore (a drug)
nōn iam   no longer
occīdit   kills, ruins
nam   for
abripit: abripuit   takes away

9 Might is right

What does this fable remind us about in human nature?

lupus agnam vīdit. agna ē flūmine bibēbat. lupus agnam
cōnsūmere voluit et causam quaerēbat. lupus, quamquam super
agnam stābat, agnam ita accūsāvit:
    'tū aquam cōnfundis. aqua nunc est lutea. nōn possum bibere.'
    'quō modō ego aquam cōnfundere possum?' respondit agna;   5
'nam ego aquam vix libō; et tū super mē stās.'
    deinde lupus 'proximō annō,' inquit, 'tū patrem meum
vituperāvistī.'
    'tunc,' inquit agna, 'nōn vīvēbam.'
    'tū optimē respondēs,' inquit lupus, 'sed tē nihilōminus   10
cōnsūmere intendō.'

agna   *lamb*
ē flūmine   *from the river*
causa   *cause, excuse*
super   *upstream of*
cōnfundō, cōnfundere   *mix up, disturb*
quō modō?   *how?*
nam   *for*
vix libō   *I am only just sipping*
proximō annō   *last year*
tunc   *at that time*
nihilōminus   *none the less*

10 Who shall guard the guardians?

*The title is a translation of a Latin proverb which seems to fit
this story particularly well.*

Cornūtus in magnā vīllā habitābat. Cornūtus multōs servōs
ancillāsque habēbat. servī in fundō labōrābant et frūmentum in
horreum portābant. pāstōrēs quoque ovēs in montibus
custōdiēbant. sed Cornūtus plūrimās ovēs habēbat. pāstōrēs nōn
poterant omnēs ovēs semper custōdīre. fūr igitur noctū vēnit et   5
ovem cēpit. sed ubi fūr ē fundō discēdēbat et prope viam erat,
vīlicus eum vīdit.

'siste, sceleste!' clāmāvit vīlicus. deinde fūrem superāvit. 'venī
mēcum! ego dominum petō.'

'estō!' inquit fūr. 'tranquillē veniō. sed pallium meum prope   10
horreum relīquī. pallium meum invenīre volō. tum dominum
petere possumus. tū intereā ovem custōdī!'

'sceleste!' inquit vīlicus. 'sī ego hīc maneō, tū fugere potes. sed
nōn sum stultus. tū manē hīc et ovem custōdī! ego pallium tuum
quaerere possum.'   15

ovis: ovem   *sheep*
custōdiō, custodīre   *guard, watch*
plūrimī   *very many*
noctū   *by night*
siste!   *stop*
sceleste!   *you villain!*
mēcum   *with me*
estō!   *so be it!*
tranquillē   *quietly*
pallium   *cloak*
relinquō, relinquere, relīquī   *leave*
intereā   *meanwhile*
sī   *if*
hīc   *here*

11   The betrayal of Tarentum

*In the great war which Rome fought against Hannibal and the
Carthaginians (The second Punic war) it was vitally important
for Hannibal to gain support from the other cities of Italy, or at
least to prevent them supplying troops for the Roman army.
Hannibal thought they would be glad to stop sending their men
to war, but in fact most were loyal to Rome. In many cities,
however, there was a strong minority who favoured the
Carthaginians.*

Hannibal urbem Tarentum capere voluit. nōnnūllī cīvēs
Tarentīnī imperium Rōmānum tolerāre nōlēbant. hī cīvēs
Hannibalem accipere voluērunt. Philemenus igitur ad
Hannibalem contendit.

'ego et amīcī meī,' inquit Philemenus, 'urbem tibi trādere   5
volumus. necesse est postīcum aperīre. postīcum ita aperīre
possumus.' tum Philemenus Hannibalī cōnsilium suum
susurrāvit.

postrīdiē Philemenus ex urbe vesperī discessit.
'cūr tū ex urbe discēdis?' rogāvērunt custōdēs.   10
'ego ad vēnātiōnem exīre volō,' respondit Philemenus.
'cūr tū nocte ad vēnātiōnem exīre vīs?'
'ego diē exīre nōlō, quod Carthāginiēnsēs timeō.'
postrīdiē Philemenus iterum ex urbe vesperī discessit. posteā
ad vēnātiōnem cotīdiē vesperī contendēbat. ubi ad urbem   15
revēnit, sībilō signum dabat. tum custōdēs postīcum aperiēbant.
tandem Philemenus Carthāginiēnsēs ad urbem dūxit. ex
cōnsuētūdine sībilō signum dedit. custōdēs postīcum
aperuērunt.

'ego,' inquit Philemenus, 'aprum maximum habeō. sed fessus   20
sum. aprum in urbem portāre nōn possum. vōsne aprum meum
portāre vultis? vōs nōn estis fessī. vōs aprum portāre potestis.'
tum custōdēs ē postīcō vēnērunt. Carthāginiēnsēs custōdēs
interfēcērunt et urbem intrāvērunt.

capiō, capere, cēpī *take, capture*	vesperī *in the evening*
nōnnūllī *some*	nocte and diē are opposites
accipiō, accipere *welcome*	posteā *after this*
postīcus *side-gate*	sībilō signum dare *give a signal by*
aperiō, aperīre, aperuī *open*	*whistling*
ita *in the following way*	ex cōnsuētūdine *as usual*
cōnsilium *plan*	

12 Portia and the three caskets

This story forms part of the plot of Shakespeare's play 'The Merchant of Venice'.

ōlim erat vir dīves, quī ūnam fīliam habēbat. haec fīlia erat Portia. pater, postquam mortuus est, Portiae vīllam suam, fundōsque, et omnia bona lēgāvit. multī iuvenēs igitur eam in mātrimōnium dūcere cupiēbant. Sed pater virō indignō fīliam suam trādere nōlēbat. itaque necesse erat omnibus iuvenibus, quī   5
Portiam in mātrimōnium dūcere volēbant, experīmentum praebēre.

omnēs iuvenēs, postquam ātrium intrāvērunt, trēs cistās cōnspexērunt. prīma cista erat aurea, altera erat argentea, tertia erat plumbea. necesse erat iuvenibus ūnam cistam dēligere.   10

prīnceps Maurūsius, quod aurum pretiōsissimum est, cistam auream dēlēgit. sed cista aurea erat vacua; prīnceps igitur nihil accēpit.

princeps Aragōnēnsis cistam argenteam dēlēgit. 'omnēs hominēs,' inquit, 'aurum cupiunt, sed paucī argentum. ego rem   15
vulgārem facere nōn possum; ego argentum dēligō.' sed cista argentea quoque erat vacua.

postrēmō Bassānius, iuvenis Venetus, ātrium intrāvit. cista plumbea hunc titulum habēbat: 'sī vīs Portiam in mātrimōnium dūcere, necesse est tibi omnia bona tua in perīculum dare.'   20
omnēs iuvenēs hunc titulum vīdērunt; bona sua tamen in perīculum dare nōlēbant. sed Bassānius 'mihi decōrum est,' inquit, 'omnia bona mea in perīculum dare prō uxore. hanc cistam dēligō.'

in cistā plumbeā erat pictūra. Bassānius, ubi pictūram vīdit,   25
'Portiam,' inquit, 'in cistā plumbeā invēnī. ego igitur eam in mātrimōnium dūcere possum.'

bona, pl. *goods*
lēgō, lēgāre *leave, bequeath*
in mātrimōnium dūcere *marry*
experīmentum praebēre *submit to a test*
dēligō, dēligere, dēlēgī *choose*
prīnceps Maurūsius *the Prince of Morocco*
vacuus *empty*
Aragōnēnsis *of Aragon*
paucī *few*
postrēmō *last of all*
Venetus *of Venice*
titulus *label*
in perīculum dare *put at risk*
prō *in return for*

1 How had Portia come to be rich?
2 What two things does the story particularly mention that her father had left her?
3 What did many young men want?
4 What arrangements had the father made concerning the young men, to stop Portia marrying an unworthy husband?
5 What did the young men see on entering the hall?
6 What materials were the first two of these objects made of?
7 Water pipes always used to be made of lead. Bearing in mind the English word for a man who makes and repairs water pipes, what was the third of the three objects made of?
8 What did the young men have to do with regard to these three objects?

13 Atalanta and the golden apples

*When Iasius had a daughter instead of the son he wanted, in his
anger he had the baby exposed on the mountain to die; but she
was found and brought up by a she-bear, and learned to wrestle
and fight and run faster than the wild animals themselves.
Eventually Iasius claimed her back in the hope that she might at
least bring him a son-in-law. Milanion had fallen in love with
the girl, now called Atalanta, and determined to win her for his
bride; and Venus, the goddess of love decided to help him . . .*

Iāsius Atalantam in mātrimōnium dare voluit, sed Atalanta
nūbere nōluit. tandem 'vir,' inquit, 'quī celerius quam ego currit,
mē in mātrimōnium dūcere potest.'

multī iuvenēs igitur cum Atalantā certāvērunt, sed Atalanta
omnēs superāvit. Venus tamen puellīs, quae amōrem spernunt,   5
nōn favet. itaque, ubi Mīlaniōn vēnit, Venus eī auxilium dedit;
tria pōma aurea eī commodāvit.

tuba sonuit. Mīlaniōn et Atalanta celeriter currēbant. Atalanta
tamen mox praecēdēbat. Mīlaniōn pōmum aureum dēiēcit.
Atalanta, postquam pōmum aureum vīdit, cōnstitit et pōmum   10
sustulit. item, ubi Mīlaniōn alterum pōmum dēiēcit, Atalanta
pulchrum pōmum cōnspexit et statim in manibus tenēre voluit.
itaque Mīlaniōn praecēdēbat. Atalanta, ubi hoc vīdit, quam
celerrimē cucurrit et tandem praeterībat. tum Mīlaniōn tertium
pōmum prō pedibus dēiēcit. postquam Atalanta iterum cōnstitit   15
et pōmum sustulit, Mīlaniōn ad fīnem prīmus advēnit.

in mātrimōnium dare/dūcere   give/take in marriage, marry
nūbere   be married to, marry
celerius   faster
spernere   scorn, disdain
pōmum   apple
commodāre   lend
praecēdere   be ahead, in the lead
dēicio, dēicere, dēiēci   throw down
cōnsisto, cōnsistere, cōnstitī   stop
tollō, tollere, sustulī   raise, pick up
item   likewise
praeterīre   pass, go past
prō pedibus   in front of her feet

14 The magic sticks

Plautius erat vir dīves. Plautius multās rēs pretiōsās in cellā
habēbat. sed fūr noctū vēnit et candēlābrum aureum abstulit.
proximā nocte urnam argenteam abstulit. Plautius servōs suōs dē
fūrtīs rogābat, sed nēmō fūrem vīderat. trēs servōs igitur dēlēgit.
ūnus servus cellam prīmam noctis partem custōdīre dēbēbat;   5
alter servus mediam noctis partem; tertius tertiam partem. sed
ubi māne erat, fūr tripodas pretiōsissimōs abstulerat.
   'fūr est servus meus,' inquit Plautius. 'ūnus ex hīs tribus servīs
tripodas abstulit.'

   itaque Plautius illōs trēs servōs in tablīnum suum vocāvit.   10
'quis est fūr?'
   nēmō respondit. Plautius igitur trēs virgās servīs trādidit.
'virgae sunt magicae. virga quam fūrī trādō māne longior erit.'
   deinde omnēs servī ad cubicula discessērunt. servus quī fūr
erat valdē perterritus erat. 'mea virga,' inquit, 'māne longior erit.'   15
itaque virgam dentibus breviōrem fēcit. sed ēheu! virga nōn erat
magica; nōn erat māne longior; brevior erat.
   Plautius servōs congregāvit.
   'quis habet virgam breviōrem? servus quī virgam breviōrem
habet est fūr!'   20

nēmō   nobody
dēligō, dēligere, dēlēgī   choose
māne   in the morning
virga   rod, stick
erit   will be
dentibus   with his teeth
brevis   short

1 Was Plautius rich or poor?
2 Were the things in his store-room (a) pretty, (b) huge, or (c)
   precious?
3 What did the thief steal first, and what was this object made
   of?
4 What did he steal the next night, and what was this made of?
5 Whom did Plautius ask about the thefts?
6 What did he find out?
7 How many slaves did he pick? How were they to divide up the
   duty he gave them?
8 What did the thief steal that night?
9 What did Plautius conclude from this?

15 A citizen of Syracuse learns the meaning of the word 'suspense'

rēx Syrācūsānōrum erat Dionȳsius. Syrācūsānī eum rēgem
fēcerant quod contrā Carthāginiēnsēs fortiter pugnāverat et eōs
tandem superāverat.
multī Syrācūsānī igitur eum fēlīcem vocābant quod magnum
rēgnum accēperat. sed Dionȳsius multās cūrās habēbat, multās   5
sollicitūdinēs. nōn facile erat eī rēgnum suum obtinēre; nōn
facile erat rēgnum suum contrā Carthāginiēnsēs dēfendere.

Dāmoclēs tamen semper dīcēbat: 'rēgēs sunt fēlīcissimī.' itaque
Dionȳsius eum ad cēnam invītāvit. Dāmoclēs ad aulam laetus
contendit. Dionȳsius locum optimum et vestem purpuream eī   10
dedit. sed super lectum, ubi Dāmoclēs recumbēbat, Dionȳsius
gladium suspenderat. fīlum, quod hunc gladium sustinēbat, erat
tenuissimum.

per tōtam cēnam Dāmoclēs gladium suspiciēbat. semper
sollicitus erat. neque cibus, quem Dionȳsius eī offerēbat, neque   15
vīnum, quod suāvissimum erat, neque vestis purpurea quam
gerēbat, hanc sollicitūdinem levāre poterant.

tandem 'rem nunc intellegō!' exclāmāvit. 'vīta, quam rēgēs
habent, nōn est fēlīcissima; nam cūrae, quae eōs opprimunt,
omnia gaudia dēmunt.'   20

Carthāginiēnsēs Carthaginians	fīlum thread
fēlīx: fēlīcem fortunate	sustinēre hold up
rēgnum kingdom	neque . . . neque . . . neque
cūra concern, care	neither . . . nor . . . nor
sollicitūdō: sollicitūdinem worry	levāre lighten, relieve
obtinēre hold on to	vīta life
locus place	opprimere oppress
vestis purpurea purple robe	gaudium joy
super above	

1 Of what city was Dionysius king?
2 What events led the citizens to make him king?
3 What personal quality did he show in these events?
4 Which Latin word suggests the war with the Carthaginians had
   been a long one?
5 Why did some citizens call Dionysius fortunate?
6 What was there about Dionysius' situation which might seem
   the opposite?
7 What two problems is he said to have had to deal with?

16 The bed of Procrustes tells its tale

*The 'bed of Procrustes' or a 'Procrustean bed' have become
proverbial expressions used for any rigid system of ideas to
which men forcibly try to fit facts.*

*The original story comes from the Greek legend of Theseus.
Here you must imagine that the story is being told by the bed
itself.*

ego in vīllā Procrūstae habitō. prope caput meum est secūris,
prope pedem eculeus. multī hominēs dominum meum vīsitant.
vīlla enim Procrūstae est prope viam. sed nēmō quī vīllam intrat
umquam iter cōnficit. nēmō quī in mē iacet umquam surgit. ūnus
homō est, quī, postquam in mē iacuit, iterum surrēxit. ille homō,   5
quod aptissimus erat, nunc est servus Procrūstae.

    nunc ego sonum audiō. advena appropinquat. 'ego,' inquit
advena, 'sum Thēseus.' dominus meus 'iam sērō est' inquit;
'necesse est tibi hanc noctem in meā vīllā dormīre. in hōc
cubiculō tū potes artissimē dormīre.'   10

    deinde advena et dominus meus cubiculum intrant. nunc ego
advenam vidēre possum. advena brevis est. ecce! eculeus est
parātus. eculeus etiam brevissimōs hominēs longiōrēs facit.

    iam corpus hominis in mē iacet. quid? hoc corpus est longum!
ēheu! dominus meus in mē iacet! Thēseus secūrim tollit. 'servus   15
tuus,' inquit, 'mihi rem explicāvit. tū multōs hominēs ad lectum
Procrūstae aptāvistī. nunc mihi necesse est tē ad lectum tuum
aptāre!'

    secūris dēscendit.

caput *head*
secūris *axe*
eculeus *rack (for stretching)*
nēmō *nobody*
umquam *ever*
iter cōnficere *finish one's journey*
aptus *fit, fitted, fitting*
advena *stranger*
sērō *late*
artē *soundly*
brevis *short*
corpus *body*
aptāre is a verb connected with 'aptus' (see above).

17 The lion and the flea

pūlex ad leōnem advēnit; 'tē nōn timeō,' inquit. 'tū nihil facere
potes quod ego nōn possum. fortasse tū scābere et mordēre potes.
sed ego pūncta huiusmodī floccī nōn faciō. ego sum rōbustior
quam tū et ad pugnam parātus.'

itaque pūlex, ubi tubam īnflāvit, leōnem petīvit, et illam   5
partem capitis quae prope nārēs est momordit; nam ibi leō crīnēs
nōn habet. mox leō sē ipsum scābēbat; deinde ē pugnā fūgit.

pūlex, quī ita victor exstiterat, tubam iterum īnflāvit et domum
festīnābat. sed arānea eum statim cēpit. mox arānea pūlicem
cōnsūmēbat.   10

'ēheu!' inquit pūlex. 'quam crūdēlis est fortūna! arānea enim,
quam omnēs dēspiciunt, mē cōnsūmit, quamquam cum
fortissimō omnium bēstiārum pugnāre poteram.'

pūlex, pūlicis, m. *flea*
scābo, scābere, scābī *scratch*
mordeō, mordēre, momordī *bite*
pūncta huiusmodī *pinpricks of this kind*
rōbustus, -a, -um *strong*
tuba, -ae, f. *trumpet*
nārēs, pl. *nostrils*
crīnēs, pl. *hair*
sē ipsum *himself*
exsistō, -ere, exstitī *emerge as*
domum *home, homewards*
arānea, -ae, f. *spider*
crūdēlis *cruel*
dēspicio, -ere, dēspexī *despise*

18 The death of Aeschylus

*A traditional, if somewhat unlikely story, about a famous Greek
writer.*

Aeschylus erat poēta Graecus; iam senex erat, sed tragoediās
nōtissimās scrīpserat. ubi iuvenis erat, longōs capillōs habuerat,
sed nunc erat calvus.

Aeschylus ex urbe ambulābat. tum cōnsēdit et novam
tragoediam cōgitābat.   5

aquila in caelō volābat. aquila testūdinem, quam cēperat,
unguibus tenēbat. lapidem lēvem quaerēbat. aquilae enim testās,
quae testūdinēs prōtegunt, in lapide frangere solent. posteā
testūdinēs cōnsūmere possunt.

aquila rem candidam in terrā cōnspexit. 'ecce! lapis est,' sibi 10
dīxit aquila, et testūdinem dēmīsit. rēs candida tamen, quam
aquila cōnspexerat, nōn erat lapis sed Aeschylī calvum caput.
testūdō in caput Aeschylī incidit. sīc dēcessit magnus poēta.

calvus, -a, -um *bald*
cōnsīdō, -ere, cōnsēdī *sit down*
aquila, -ae *eagle*
volō, -āre *fly*
testūdō, testūdinis *tortoise*
unguibus *with his talons*
lēvis *smooth*
testa, -ae, f. *shell*
candidus, -a, -um *white, light-coloured*
dēcēdō, -ere, dēcessī *depart, pass away*

19 Caesar and Cleopatra

ōlim urbs Alexandrīa rēgēs habēbat. hī rēgēs nōmen
'Ptolemaeum' habēbant. sed postquam Ptolemaeus XII mortuus
est, fīlius Ptolemaeus XIII et fīlia Cleopatra dē rēgnō pugnābant.

eō tempore Iūlius Caesar,[1] quī Pompēium Magnum[2] in bellō
cīvīlī superāverat, prīnceps erat Romānōrum. Pompēius ad 5
Aegyptum fūgit. ibi Pothīnus, minister Ptolemaeī, eum necāvit.
Caesar igitur Ptolemaeō nōn crēdēbat. itaque, postquam
Alexandrīam advēnit, Cleopatram arcessīvit.

sed difficile erat Cleopatrae ad Caesarem venīre, quod mīlitēs
Ptolemaeī viās urbis complēbant. Alexandrīa tamen canālēs 10
habet; nam flūmen, quod per urbem fluit, in multōs rīvōs sē
dīvidit. itaque Cleopatra scapham intrāvit et cum ūnō comite
(comes erat Apollodōrus) prope ad aulam nāvigāvit. ibi in tapēte
sē convolvit. deinde Apollodōrus Cleopatram ūnā cum tapēte in
umerōs sustulit et eam ad Caesarem portāvit. 15

haec Cleopatrae sollertia Caesarem valdē dēlectāvit.

[1] In English, Julius Caesar
[2] Pompey the Great, Caesar's rival

Ptolemaeus, -i *Ptolemy*
dē rēgnō *over the kingdom*
eō tempore *at that time*
bellum, -ī, n. *war*
prīnceps *chief citizen*
Aegyptus, -ī *Egypt*
flūmen, -inis, n. *river*
rīvus, -ī, m. *channel*

sē dīvidere *divide oneself*
scapha, -ae, f. *small boat*
comes, -itis, m. *companion*
tapēte, tapētis, n. *carpet*
convolvō, -ere, convolvī *roll up*
ūnā cum *together with*
sollertia, -ae, f. *cleverness*

20 Helen of Troy or Helen of Egypt?

Helena bellī Trōiānī causa fuit. nam Paris, prīnceps Trōiānus,
Graeciam vīsitābat, et Helena nōn sōlum Paridem adamāvit, sed
Trōiam cum eō nāvigāvit. Menelāus igitur, vir Helenae, omnēs
prīncipēs Graecōs collēgit et bellum parāvit.
   illa fābula est bene nōta: sed paucī hanc fābulam cognōvērunt.   5
Helena Trōiam numquam advēnit. nam dea Hēra, quae
Paridem ōderat, imāginem Helenae Trōiam mīsit; Helenam
ipsam ad Aegyptum trānsportāvit. ibi in aulā rēgis habitābat.
   postquam Graecī Trōiam cēpērunt, Menelāus ad Aegyptum
festīnāvit. sed nāvēs, ubi ad portum appropinquābant, in   10
scopulum incurrērunt. Menelāus et paucī nautae natantēs ad
lītus pervēnērunt.

   intereā rēx Aegyptī Helenam adamāverat et in mātrimōnium
dūcere volēbat. Helena igitur ex aulā effūgerat. nunc Menelāum
in lītore invēnit. postquam multa ōscula inter sē dedērunt, dē   15
reditū sermōnem habēbant. tandem cōnsilium callidum
cēpērunt.

   Menelāus ad rēgem vēnit et dīxit: 'Menelāus, vir Helenae, est
mortuus. ego sum Menelāī gubernātor. nāvis nostra summersa
est. ego et paucī nautae ad lītus pervēnimus. nunc nōs   20
Menelāum honōrāre volumus. nam Graecī hunc mōrem habent:
ubi vir marī mortuus est, uxor fūnus marī celebrat. nonne tibi
decōrum est Helenae nāvem commodāre? ita virum, quem valdē
amābat, honōrāre potest.'

   rēx nāvem eīs commodāvit. Menelāus Helenam in nāvem   25
dūxit. nautae rudentes solvērunt. mox ventus secundus eōs in
Graeciam impulit.

bellum, -ī, n. *war*
Trōiānus *Trojan*
Graecia *Greece*
adamāre *fall in love with*
paucī, -ae, -a *a few*
ōderat *hated*
imāgō, imāginis, f. *image, phantom likeness*
capiō, capere, cēpī *take, capture, form*
intereā *meanwhile*
in mātrimōnium dūcere *marry*
ōsculum, -ī, n. *kiss*
inter sē *to one another*
dē reditū *about their return*
gubernātor, -ōris, m. *helmsman*
mōs, mōris, m. *custom*
marī *at sea*
commodāre *lend*
rudēns, -entis, m. *rope, cable*
impellō, -ere, impulī *carry*

1 What was Helen the cause of?
2 How did Helen come to meet Paris?
3 When Helen sailed for Troy, what two things did Menelaus
   do?
4 What contrast is drawn in line 5 between the story
   summarized in the first paragraph and the story that forms
   the rest of the passage?
5 What did the goddess Hera send to Troy?
6 Why did she do this?
7 Where did she take Helen?
8 Where did Helen live when she got there?
9 Where did Menelaus go after the capture of Troy?
10 What happened to his ships?
11 How did the survivors reach the shore?

21   A wild-boar hunt and its tragic consequences

*When Meleager was born, his mother, Althaea, was visited by
the three Fates. Two of them foretold courage and glory for the
boy, but the third pointed to a brand burning on the hearth and
declared that when the brand was consumed, Meleager's life
would end, Althaea pulled the brand from the fire and kept it in
a safe place. Meleager grew up to be courageous and glorious
and the ruler of Calydon.*

*The girl-huntress Atalanta also appears in this story, but these
events come from earlier in her life than those described in Story
no. 13.*

ingēns aper Calydōnem vexābat; segetēs dēlēbat, agricolās
interficiēbat. itaque Meleager omnēs amīcōs fortissimōs ad aulam
suam invītāvit, et inter eōs Atalantam, optimam vēnātrīcem.
novem diēs cēnābant et decimō diē ad vēnātiōnem exiērunt.

quamquam aprum ingentem per silvās diū vestīgāvērunt,   5
prope adīre nōn poterant. sed Atalanta aprum cōnspexit et
sagittam ēmīsit, quae aprum vulnerāvit. nunc aper tardius
currēbat, et tandem Meleager appropinquāre et aprum trānsfīgere
poterat.

tum Meleager pellem aprī Atalantae praemium dedit. sed   10
Toxeus Plēxippusque, frātrēs Althaeae Meleagrī mātris, hanc rem
graviter tulērunt. 'nōn decōrum est,' inquiunt, 'puellae
praemium dare.' ācris dissēnsiō fuit, et tandem ad manūs
dēvēnērunt. Meleager Toxeum Plēxippumque interfēcit.

Althaea maximē commōta erat. facem, quam ōlim ē flammīs   15
extrāxerat et diū servāverat, iterum in flammās iēcit. brevī
tempore fax erat cinis, Meleager mortuus.

aper, aprī, m. *boar*
vēnātrīx, -īcis, f. *huntress*
decimō diē *on the tenth day*
vestīgō, -āre *track*
sagitta, -ae, f. *arrow*
tardius *more slowly*
pellis, -is, f. *hide, skin*
brevī tempore *in a short time*
praemium, -ī, n. *prize*
graviter ferō, ferre, tulī *take badly*
ācer, ācris *fierce*
ad manūs dēveniō *resort to fighting*
iaciō, -ere, iēcī *throw*

22 'That no slave should be possessed of a weapon'

Sicilia erat prōvincia Rōmāna. in Siciliā multī servī erant. hī
servī in fundīs maximīs labōrābant; frūmentum cīvibus Rōmānīs
praebēbant. Rōmānī sine frūmentō Siciliae nōn poterant satis
cibī importāre. servī rebelliōnem interdum fēcērunt. sed Rōmānī
servōs semper superāvērunt. praetōrēs tamen ēdicta dedērunt *nē*   5
quis cum tēlō servus esset.[1]

saepe praetōrēs Rōmānī incolās sevērē tractābant; nōnnūllī
erant sevērissimī; sed Domitius, praetor Siciliae, etiam plūs
sevēritātis praestitit.

ōlim aper ingēns ad praetōrium adlātus est. nam decōrum erat   10
incolīs rēs magnificās quās in prōvinciā invēnērunt ad praetōrēs
Rōmānōs ferre.

'quam splendidum est hic aper,' Domitius exclāmāvit. 'quis
eum percussit?'

'pāstor cuiusdam,' respondērunt amīcī, 'hunc aprum   15
percussit.'

Domitius pāstōrem arcessīvit. pāstor ad praetōrem cupidē
accurrit quasi ad laudem et praemium,

'quō modō tū hunc magnificum aprum percussistī?'

'vēnābulō.'   20

tum Domitius clāmāvit: 'dūcite eum; in crucem tollite! servus
cum tēlō erat!'

[1]See title

prōvincia, -ae, f.   *province (of the Roman empire)*
interdum   *from time to time*
praetor, -ōris, m.   *governor (of a Roman province)*
ēdictum dare   *issue an edict*
incola, -ae, m.   *inhabitant*
sevērus, -a, -um   *severe, strict*
praestō, -āre, praestitī   *show*
adlātus est   *was brought*
cuiusdam   *somebody's*
cupidus, -a, -um   *eager*
quasi   *as if*
praemium, -ī, n.   *reward*
vēnābulō   *with a hunting-spear*
crux, crucis, f.   *cross (for crucifixion)*

23 My grandmother's chair

avia mea mē valdē amābat et ego eam; saepe, in sellā suā sedēns,
mē dēlectissimum nepōtem vocābat. itaque postquam avia dēcessit, maestissimus eram; magnum
lēgātum tamen spērābam, quod fēmina dīvitissima erat.
omnēs nepōtēs eius, ubi nūntium mortis accēpērunt, ad vīllam   5
festīnāvērunt, lēgāta spērantēs. deinde vīlicus eius testāmentum
lēgit. omnibus aliīs nepōtibus avia magna lēgāta scrīpserat, mihi
autem nihil nisi sellam cum pulvīnīs in quā vīva sēderat.
tum etiam maestior eram.

aliī nepōtēs mihi sellam illam obiciēbant; mē dērīdentēs   10
dīcēbant: 'nunc nōs sumus dīvitēs, tū pauper. hicne est amor
aviae nostrae, quem tū iactābās? sāne avia valdē tē amābat,
quoniam sellam tibi lēgāvit!'
deinde, ab omnibus dērīsus, īrātissimus eram. sellam illam et
pulvīnōs tōtā vī pulsāvī. ecce! unum ē pulvīnīs perrūperam, et ē   15
pulvīnō ruptō nōn plūmae sed aureī ruēbant. avia mea multōs
aureōs in pulvīnō cēlāverat. nunc dīvitissimus eram omnium
nepōtum.

dēlectissimus   *favourite*
maestus, -a, -um   *sad*
spērāre   *hope for*
legō, legere, lēgī   *read out*
lēgō, lēgāre, lēgāvī   *leave in a will. (From this you can work out 'lēgatum' and
  its plural 'lēgāta')*
nisi   *except*
pulvīnus, -ī, m.   *cushion*
obiciō, -ere   *tease about*
iactō, -āre   *boast about*
sāne   *evidently (in a sarcastic sense)*
quoniam   *since*
tōtā vī   *with all one's force*
perrumpō, -ere, perrūpī, -ruptus   *burst ('rumpo' means much the same)*
ruō, ruere   *rush, pour*

1 What does the narrator say were his grandmother's feelings for him, and his for her?
2 In what way did she distinguish him from her other grandsons?
3 What did he feel about her death, and what other emotion affected him?
4 Where did all the grandsons go after hearing the news of their grandmother's death, and what was in their minds?
5 What happened after they got there?
6 What did the other grandsons receive? What about the narrator?
7 What was his reaction to this?

24 In pursuit of Death

This story is a version of the tale told by the Pardoner in Chaucer's 'Canterbury Tales'.

trēs iuvenēs in tabernā bibēbant et deōs immortālēs magnā vōce vituperābant; tristissimī erant, et nōn sine causā. 'ēheu!' dīcēbant; 'morbus dīrus urbem nostram afflīgit. Mors omnēs amīcōs nostrōs interficit. Mortem quaerere dēbēmus. necesse est nōbīs Mortem ipsum interficere.'   5
itaque iuvenēs ex urbe contendērunt et mox senem invēnērunt.
ille baculum tenēns lentē prōcēdēbat et terram pulsābat, semper 'cāra māter,' clāmāns, 'admitte mē!'
iuvenēs eum rogāvērunt: 'Mortemne vīdistī? nam quaerimus eum.'   10
'et ego eum quaerō,' respondit senex. 'nūper eum sub illā arbore sedentem cōnspexī.'
iuvenēs igitur ad arborem festīnāvērunt. ibi multum aurum in ōllā cēlātum invēnērunt.
'euge! dīvitēs nunc sumus,' inquit iuvenis nātū maximus. 'ad   15
urbem contendite! nunc cēnāre et bibere dēbēmus.'
'festīnā lentē!' inquit iuvenis nātū minimus. 'melius est noctū aurum ad urbem ferre. tum nēmō nōs vidēre potest.'
'ita vērō!' inquit medius iuvenis. 'sed nunc cibum cōnsūmere et vīnum bibere possumus. tū ad urbem fūrtim contende! cibum   20
et vīnum nōbīs comparā!'

iuvenis nātū minimus, ubi ad urbem advēnit, nōn sōlum cibum et vīnum ēmit, sed etiam venēnum potentissimum. venēnum in amphoram vīnī mīscuit. 'ita,' inquit, 'omne aurum habēre possum.'   25
sed postquam ille ad amīcōs rediit, iuvenis nātū maximus bracchia eius comprehendit. deinde medius iuvenis pugiōnem inter costās impulit. ille, ab amīcīs suīs superātus, mortuus dēcidit.
'nunc etiam dīvitiōrēs sumus!' inquit iuvenis nātū maximus.   30
'vīnum bibe et bonam fortūnam salūtā!'
vīnum igitur avidē hausērunt. mox venēnum, per vēnās mānāns, ad corda advēnit. illī quoque mortuī dēcidērunt.
iuvenēs, ā sene ductī, Mortem ipsum rē vērā invēnerant.

dīrus, -a, -um *dreadful*
baculum, -ī, n. *stick, staff*
arbor, arboris, f. *tree*
ōlla, -ae, f. *jar, pot*
nātū maximus *eldest*
nātū minimus *youngest*
noctū *at night*
medius *middle*
fūrtim *secretly*
venēnum, -ī, n. *poison*
mīsceō, -ēre, -uī, mīxtus *mix*
bracchium, -ī, n. *arm*
comprehendere *seize*
pugiō, -ōnis, m. *dagger*
costa, -ae, f. *rib*
mānāre *work its way, seep*
corda, pl. *hearts*
rē vērā *truly*

1 What two things were the three young men doing in the
   wine-shop?
2 In what state of mind were they?
3 What was afflicting their city, and whom did they hold
   responsible for the loss of their friends?
4 What did they decide they ought to do?
5 Whom did they meet after leaving the city? What was this
   person doing, and with what? What did he keep crying out?
6 Where did he claim to have seen the one they were looking
   for?
7 What did the young men find on the spot he had directed
   them to?
8 Find two Latin words which give further detail about the
   situation or position of the answers to the two previous
   questions.
9 Summarise the course of action recommended by each of the
   three young men after they had made their find.

25 Chariot-racing fever

Rōmānī Cereālia celebrābant. in Circō Maximō imperātor lūdōs
circēnsēs cotīdiē ēdidit. cotīdiē in Circō Maximō aurīgae, colōrēs
suōs gerentēs, et ā fautōribus suīs incitātī, equōs verberābant;
cotīdiē cīvēs suīs aurīgīs, suīs colōribus maximō cum studiō
favēbant. multī equōs currentēs spectāre volēbant, multī artem   5
aurīgārum; sed paene omnēs spectātōrēs spōnsiōnēs faciēbant;
tantus amor pecūniae cīvium animōs occupāverat.

māne igitur multī cīvēs Rōmanī prope Circum stābant,
commissiōnem lūdōrum patienter exspectantēs. in hāc turbā
erant Caesōnia et Aurēlia; pecūniam, quam spondēre volēbant,   10
dīligenter numerābant.

    tum Caesōnia et Aurēlia pompam fūnēbrem lentē prōcēdentem
vīdērunt. libitīnāriī lectum fūnēbrem sollemniter ferēbant;
praeficae lacrimābant; mīmī persōnās māiōrum mortuōrum
gerēbant.   15
    Aurēlia, ubi pompam fūnēbrem vīdit, ad lectum cucurrit et
rosam, quam in rēticulō sēcum portāverat, in lectum iactāvit;
deinde ad amīcam rediit.
    Caesōnia 'ēheu!' inquit; 'vīta brevis est; nōs omnēs ad mortem
celeriter festīnāmus. sed tū es fēmina summae misericordiae. tū,   20
lūdōrum paulisper oblīta, hominī mortuō rosam dedistī. laudō tē
et comprobō!'
    Aurēlia 'grātiās tibi agō' respondit. 'bonus vir mihi erat!'

Cereālia *festival of Ceres*
lūdōs circēnsēs ēdere *put on chariot-races*
aurīga, -ae, m. *charioteer*
studium, -ī, n. *enthusiasm*
spōnsiō, -ōnis, f. *bet*
occupō, -āre *seize, take over*
libitīnārius, -ī, m. *undertaker*
praefica, -ae, f. *hired mourner*
mīmus, -ī, m. *mimer, actor*
persōna, -ae, f. *mask*
māiōrēs, -um, pl. *ancestors*
rēticulum, -ī, n. *little bag*
brevis *short*
misericordia, -ae, f. *pity, compassion*
oblītus, -a, -um *forgetful*
comprobō, -āre *approve of*

1 Who put on the chariot-races at the festival of Ceres?
2 Where did they take place?
3 How did the charioteers respond to their supporters?
4 How were the different charioteers made to look different?
5 What were the main points of interest in the races for two
   fairly large groups of people?
6 What interested nearly everybody?
7 What had taken over their minds, as the story puts it?
8 What were the citizens in the second paragraph waiting for?
9 Why were Aurelia and Caesonia counting their money?

26 The future Emperor Vespasian strikes a hard bargain

Vespasiānus, ubi prōvinciam administrābat, per montēs iter
faciēbat, in mūlō sedēns. multī aliī mūlī et mūliōnēs in agmine
erant. mox ad parvum vīcum advēnērunt. nōnnūllī rūsticī ad
viam stābant, agmen Vespasiānī exspectantēs. mūliō quī agmen
dūcēbat, amīcum suum ad viam cōnspicātus, cōnstitit et dē mūlō   5
dēscendit. tum, calcēs mūlī inspiciēns, signum amīcō dedit.
deinde dīligenter mūlum calceāre coepit. amīcus mūliōnis statim
ad Vespasiānum prōcessit et petītiōnem eī trādidit.
    Vespasiānus, mūliōnem suspicātus, 'quantī,' rogāvit, 'pepigistī
mūlum in hōc vīcō calceāre?'   10
    mūliō ērubēscēns pretium nōmināvit quod ab amīcō accēperat.
    'bene!' respondit Vespasiānus. 'ego dīmidiam partem accipere
contentus sum.'

mūlus, -ī, m.   *mule*
mūliō, -ōnis, m.   *mule-driver, muleteer*
vīcus, -ī, m.   *village*
rūsticī, pl.   *country-folk*
ad viam   *by the side of the road*
calx, calcis, f.   *hoof*
suspicātus   *having suspected, suspecting*
quantī?   *for how much?*
pangō, -ere, pepigī, pāctus   *bargain, agree*
ērubēscere   *blush*
dīmidia pars   *half*

27 Hercules and Cacus

Cācus in ingentī cavernā habitābat. Cācus erat mōnstrum; bovēs et interdum hominēs ipsōs in cavernā cōnsūmēbat. ossa hominum super cavernae portam fīgēbat.

ōlim Herculēs bovēs Gēryonis[1], quōs cēperat, dūcēns, ad aulam rēgis Ēvandrī advēnit. ibi per noctem mānsit.   5
Cācus tamen noctū vēnit et duōs bovēs abstulit; caudās tenēns bovēs dūxit; ita difficile erat Herculī eōs vestīgāre, nam vestīgia retrō tendēbant.
postrīdiē Herculēs bovēs nūmerāvit. duo bovēs aberant.
Herculēs autem, vestīgia cōnspicātus, 'nūlla,' inquit, 'vestīgia ab   10
aulā tendentia videō, sed tantum haec tendentia ad aulam. bovēs vestīgāre nōn possum.' itaque, haec verba locūtus, maestē discēdēbat.

sed bovēs in cavernā Cācī clausī, ubi cēterōs bovēs discēdentēs audīvērunt, magnum mūgītum faciēbant.   15
'accipiō revocāmen,' inquit Herculēs. deinde mūgītum ad cavernam vestīgāvit. ibi vestīgia bovum invēnit, sed tantum ē cavernā tendentia. 'sed nūlla,' inquit, 'vestīgia videō cavernam intrantia. hoc nōn esse potest; haec vestīgia sunt falsa. bovēs in cavernā sunt!'   20
Cācus tamen saxa collēgerat et cavernam obstrūxerat. sed Herculēs, omnem vim adhibēns, saxa ā cavernā trāxit et Cācum interfēcit.

[1] Geryon was a three-bodied monster living in the far West; as the tenth of his twelve 'labours' Hercules had to bring Geryon's cattle back to Greece.

bōs, bovis, m.   *ox*
interdum   *occasionally*
os, ossis, n.   *bone*
super   *above*
fīgere   *fix*
auferō, -ferre, abstulī, ablātus   *take away, steal*
cauda, -ae, f.   *tail*
vestīgāre   *track, trace*
vestīgium, -ī, n.   *trace, trail (in pl.)*
tendere   *head, lead*
tantum   *only*
revocāmen, -inis, n.   *signal for recall*
vim adhibēre   *apply force*

28 A woodland nymph is transformed

in Arcadiae silvīs nympha habitābat nōmine Sȳrinx. haec
nympha pulcherrima erat; arcum et pharetram quoque portābat.
itaque deae Diānae nōn dissimilis erat. cum Sȳrinx per silvam
ambulāret, deus Pān per arborēs eam cōnspexit. paulisper
immōtus stetit. deinde, cum tandem ad eam appropinquāvisset,   5
haec verba dīxit:
    'ego nympham pulchriōrem quam tē numquam vīdī. nōs deī
immortālēs quoque amōrem sentīmus. tūne mea esse vīs?'
    sīcut Diāna tamen Sȳrinx amōrem adhūc vītāverat; nē deus
quidem eī placuit. statim fūgit.   10
    Pān, nympham fugientem secūtus, prīmum excipere nōn
poterat. sed tandem ad flūmen altum vēnērunt. tum Sȳrinx,
omnēs nymphās precāta, 'ō sorōrēs,' inquit, 'nunc fōrmam meam
mūtāte!'
    nymphae statim audīvērunt; eam in calamōs mūtāvērunt.   15
    Pān, cum haec vīdisset, calamōs comprehendit. cum calamōs
incertus tenēret, ventus lēniter per eōs spīrāvit et parvum sonum
fēcit. tum Pān calamōs inīquē secuit et in ordine iūnxit.
    'tū, Sȳrinx,' inquit, 'nōn inūtilis eris, neque tē tōtam āmīsī.'
    deinde, cum calamōs ad labra tulisset, modōs dulcissimōs   20
cantābat.

arcus, -ūs, m. *bow*
pharetra, -ae, f. *quiver*
arbor, -oris, f. *tree*
vītō, -āre *avoid*
nē . . . quidem *not even*
secūtus *having followed*
excipere *catch up with*
soror, sorōris, f. *sister*
calamus, -ī, m. *reed, (pl.) a clump of reeds*
ventus, -ī, m. *wind*
spīrō, -āre *breathe, blow*
iungō, -ere, iūnxī, iūnctus *join*
eris *you will be*
labrum, -ī, n. *lip*
modī dulcissimī, pl. *very sweet music*
cantāre *sing, or play (on a musical instrument)*

29 An officer who looked for discipline to the very end

An event from the reign of the emperor Nero, who disgusted the Romans by having his mother and wife murdered, and also by performing in public entertainments; it was rumoured too that he had started the Great Fire of Rome in 64 A.D.

Sūbrius Flāvus erat tribūnus Praetōriānus. sevērissimus erat; semper mīlitēs vituperābat. 'nihil,' inquiēbat, 'ex dīsciplīnā facitis.'

hīc tribūnus, cum aliīs tribūnīs centuriōnibusque Praetōriānīs, atque nōnnūllīs senātōribus, coniūrātiōnem fēcit. coniūrātī   5
imperātōrem Nērōnem interficere volēbant, quod pessimus imperātor erat.

sed Nērō et minister eius Tigellīnus coniūrātiōnem dētēxērunt. mox Praetōriānī fidēliōrēs omnēs coniūrātōs comprehendērunt. deinde Tigellīnus omnēs rogāvit quis coniūrātiōnem coepisset,   10
ubi coniūrātī convēnissent, quem imperātōrem facere vellent, et quōmodō Nērōnem interficere in animō habērent.
senātōrēs, quod tormenta timēbant, omnia patefēcērunt. sed Sūbrius Flāvus diū nihil dīxit. tandem, glōriam cōnfessiōnis amplexus, culpam suam dēclārāvit.   15
tum Nērō Sūbrium rogāvit cūr sacrāmentī immemor fuisset. 'ego,' respondit Sūbrius, 'tē ōderam. nēmō tibi fidēlior fuit dum hoc meruistī. ōdisse coepī postquam parricīda mātris et uxōris, aurīga et histriō et incendiārius exstitistī.'

statim Nērō eum capitis damnāvit, et rem Vēiāniō Nigrō   20
mandāvit. Vēiānius, cum Sūbrium ex urbe dūxisset, mīlitēs scrobem effodere iussit. sed mīlitēs scrobem humilem et angustum fēcērunt.
'nē hoc quidem,' inquit Sūbrius, 'ex dīsciplīnā fēcistis!'

Praetōriānus   (member) of the Praetorian Guard (The imperial bodyguard)
sevērus   severe, strict
ex dīsciplīnā   in accordance with military discipline
senātor, -ōris   senator
coniūrātī, m.pl.   conspirators
tormentum, -ī, n.   torture
amplexus   having embraced, eagerly seized on
culpa, -ae, f.   responsibility
sacrāmentum, -ī, n.   soldier's oath of loyalty
ōderam   I hated (infin. 'ōdisse')
dum   as long as
mereō, -ēre, -uī   deserve
exsistō, -ere, -stitī   become
capitis damnāre   condemn to death
scrobis, -is, m.   pit (for a grave)
humilis   shallow
angustus   narrow
nē . . . quidem   not even . . .

1 What four questions did Tigellinus ask all the conspirators? If
   possible reconstruct his actual words.
2 We could guess that the purpose of the last question was to
   discover any weaknesses in Nero's security arrangements:
   what would you guess the purpose of the first three was?
3 Which two of these questions relate to actions already past?
   What feature of the Latin verbs shows this? Find another
   question from the story with the same feature.
4 The other two questions asked by Tigellinus relate to states of
   mind; what feature of their verbs shows that they relate to
   something 'continuous' or 'incomplete'?
5 Why did Subrius Flavus think of confession as being a matter
   of glory?
6 We can understand Subrius hating Nero for being a murderer
   (parricīda) and a fire-raiser (incendiārius), but why should he
   object so strongly to his being a charioteer (aurīga) and an
   actor (histriō)?

30 A very clever thief

Fallāx prope castra legiōnis habitābat et saepe ad tabernam ībat,
in quā mīlitēs, centuriōnēs, tribūnī vīnum bibēbant. ibi rēs
pretiōsās surripiēbat. nam in tabernā mīlitēs saepe ānulōs et
gemmās et aliās rēs huiusmodī puellīs dabant.
'ego sum fūr optimus,' dīcēbat. 'nēmō rēs pretiōsās melius   5
surripere potest quam ego.'
amīcī Fallācis tamen, Edāx et Bibulus, quī mīlitēs Rōmānī
erant, dissentiēbant: 'in tabernā tū es fūr optimus. sed ē castrīs
nihil surripere potes; nam in castrīs mīlitēs omnia custōdiunt.'

proximā nocte Edāx et Bibulus in statiōne erant. Fallāx, cum   10
ad portam vēnisset, 'centuriōnem vestrum,' inquit, 'vīsitō.'
'centuriōnem vīsitāre potes,' respondit Bibulus, 'sed nihil ferre
ē castrīs!'
eō diē Britannī frūmentum ad horrea forte attulerant. plaustra
prope horrea adhūc iacēbant. Fallāx ūnum plaustrum ad portam   15
trūsit. 'heus!' inquit Bibulus, et Fallācem rogāvit quid ē castrīs in
plaustrō portāret. 'nihil!' respondit Fallāx. et plaustrum erat rē
vērā ināne. mox, cum in castra iterum revēnisset, alterum
plaustrum per portam trūsit. hoc plaustrum quoque erat ināne.
iterum atque iterum idem faciēbat. sed Edāx et Bibulus nihil in   20
plaustrīs invenīre poterant.
postrīdiē in tabernā Fallāx 'optimus fūr sum!' inquit, 'et nōn
sōlum in tabernā!' tum amīcī rogāvērunt eum quid surripuisset.
'nōs enim nihil vīdimus; omnia plaustra erant inānia.'
'ita vērō!' inquit Fallāx. 'plaustra surripiēbam.'   25

surripiō, -ere, -ui *steal*	iacēre *lie, stand*
melius *better*	trūdō, -ere, trūsī *push*
proximus, -a, -um *nearest, next*	rē vērā *really, truly*
in statiōne *on guard-duty*	inānis *empty*
forte attulerant *happened to have brought*	idem *the same thing*
adhūc *still*	

1 What three classes of men used to visit the same inn as Fallax?
2 What did Fallax do there?
3 What habit of the customers made this a particularly profitable
   activity for Fallax?
4 What general class of objects was Fallax interested in? Give
   the Latin words for the two particular examples of this class
   mentioned in the story.
5 What opinion did Fallax have about his skill at this activity?
6 What did Edax and Bibulus think about this?
7 What contrast did they draw in what they said to Fallax?

31 The abduction of the Sabine women

How Romulus, the first king of Rome, solved the population problem in his city, in which there were too few women and children.

Rōmulus lūdōs sollemnēs parāvit. nūntiī spectāculum fīnitimīs urbibus nūntiāvērunt. multī convēnērunt ut lūdōs spectārent, et ut novam urbem vidērent. in prīmīs Sabīnī cum uxōribus līberīsque vēnērunt.

Sabīnī, invītātī hospitāliter per domōs urbis, cum situm et   5
moenia et aedificia urbis vīdissent, ad amphitheātrum convēnērunt. deinde, ubi spectāculī tempus vēnit, oculōs et animōs eō dedēbant.

tum, ā Rōmulō monitī, Rōmānī iuvenēs inter spectātōrēs currēbant ut virginēs Sabīnās raperent.   10

tristēs virginum parentēs fūgērunt, Rōmānōs incūsantēs et deōs invocantēs. sed Rōmulus omnēs circumībat et omnia faciēbat ut īram eōrum mollīret. mātrimōnium omnibus virginibus prōmīsit.

'Fortūna,' inquit, 'corpora vestra hīs virīs dedit; nunc animōs   15
quoque eīs date!'

virī quoque verba blandissima dīcēbant ut dolōrem virginum auferrent. tandem, ā virīs mollītae, virginēs mātrimōnium laetē accēpērunt. mox commūnēs līberī amōrem cōnfirmāvērunt.

lūdī sollemnēs *games to celebrate a festival*
fīnitimus, -a, -um *neighbouring*
in prīmīs *especially, above all*
līberī, pl. *children*
situs, -ūs, m. *position*
moenia, n.pl. *walls*
tempus, -oris, n. *time*
eō dedere *turn, concentrate in that direction*
virgō, -inis, f. *young woman*
incūsō, -āre *blame, accuse*
circumīre *go round*
molliō, -īre *soften*
corpus, -oris, n. *body*
commūnis *held in common, shared*

32 A simple soldier takes a short cut and falls into a trap

Rūsticus arma sua cūrābat. gladium pūrgāvit; deinde gladium
pūrgātum aquā et cōte acuit; dēnique gladium acūtum polīvit.
sed gladium splendidum facere nōn poterat. galea quoque erat
sordida. neque scūtum, quamquam dīligenter polītum, eō magis
splendēbat.   5
centuriō omnēs mīlitēs arma cūrare iūsserat. cēterī mīlitēs
iamdūdum ad contubernia redierant. Rūsticus sōlus arma sua
polībat. tandem arma ad centuriōnem portāvit.
'caudex!' inquit centuriō. 'haec arma sunt sordidissima. volō
imāginem meum sīcut in speculō vidēre. nōlī redīre nisi cum   10
armīs bene cūrātīs!'
deinde centuriō Rūsticum baculō prōturbāvit; eum humī
iacentem calcāvit. Rūsticus, magnōs clāmōrēs tollēns, celeriter
fūgit.

deinde ad contubernium festīnāvit. Fortūnātum petīvit.   15
'salve, Fortūnāte!' inquit. 'arma tua, sīvīs, mihi commodā; nam
semper sunt splendidissima.'
Fortūnātus arma sua Rūsticō commodāvit. mox Rūsticus, ad
centuriōnem regressus, arma Fortūnātī eī ostendit.
'hercle!' inquit centuriō. 'haec arma sunt splendidissima.   20
imāginem meam sīcut in speculō vidēre possum. tū ea optimē
cūrāvistī. dehinc semper arma tua tam bene cūrāta vidēre volō!'

arma, -ōrum, n. arms, weapons
pūrgō, -āre clean
cōs, cōtis, f. whetstone, sharpening-stone
galea, -ae, f. helmet
scūtum, -ī, n. shield
eō magis any more
iamdūdum long ago
contubernium, -ī, n. barrack-hut
imāgō, -inis, f. reflection
speculum, -ī, n. mirror
baculum, -ī, n. centurion's staff
prōturbāre knock down
calcō, -āre kick
tollō, -ere raise
sīvīs please
dehinc from now on

1 What did Rusticus do first to his sword?
2 Which Latin word indicates the state it was in when he
   sharpened it?
3 What result did he fail to achieve with it?
4 Which Latin word shows what was done to the shield?
   Which Latin word shows that the fact that it was still not
   shiny was rather unexpected?
5 Where had the other soldiers gone?
6 Which two Latin words indicate that Rusticus spent a long
   time seeing to his weapons?
7 Where did he finally take them?
8 What was the reaction he met with?
9 What instructions did the centurion give Rusticus at this
   point?
10 What action followed the instructions?
11 In what position was Rusticus when he was kicked?
12 Which Latin word indicates what he was doing as he fled?

33 Borrowed plumes

Iuppiter prīncipem avium creāre volēbat. itaque omnēs avēs
congregāvit ut pulcherrimam avem dēligeret et prīncipem creāret.
   omnēs avēs ad rīpam flūminis festīnāvērunt ut sē ōrnārent.
monēdula tamen nūllam propriam pulchritūdinem habēbat;
pennās igitur colligēbat, quās aliae avēs dēposuerant, et in   5
corpore suō fīgēbat. tam dīligenter sē ōrnāvit ut mox
splendidissima omnium esset.
   postrīdiē omnēs avēs prō Iove prōcessērunt. ille, pulchritūdine
monēdulae attonitus, eam prīncipem creāre volēbat. sed aliae
avēs, arrogantiā monēdulae incēnsae, pennās suās recēpērunt.   10
monēdula nūdāta omnem pulchritūdinem āmīsit.
   hominēs, quī pecūniam dēbent, huic avī sunt similēs. dum
pecūniam aliōrum habent, admīrātiōnem et honōrēs in sē
trahunt: pecūniam reddere coāctī, dignitātem āmittunt.

Iuppiter, Iovis, m. *Jupiter*   fīgō, -ere, fīxī, fīxus *stick, fix*
avis, avis, f. *bird*   nūdāre *strip, denude*
creāre *elect, appoint*   dēbēre *ought, owe*
dēligere *choose*   dum *as long as*
monēdula, -ae *jackdaw*   in sē trahere *attract*
proprius, -a, -um *of one's own*   cōgō, -ere, coēgī, coāctus *compel*
dēpōnō, -ere, -posuī, -positus *drop*

34 How the siege of Rome was lifted

Throughout its early history Rome was only once occupied by a
foreign enemy. A marauding army of Gauls (i.e. Celtic tribesmen
from northern Italy), led by Brennus, invaded Roman territory in
386 B.C., defeated the Roman army by the R. Allia, and swept
into Rome. The remaining defenders shut themselves up on the
rocky spur of the Capitoline hill known as the Citadel.

nunc arx Rōmāna ā Gallīs obsidēbātur. Rōmānī Gallōs per urbem
currentēs vīdērunt; aedificia ubīque flammīs cōnsūmēbantur,
fēminae līberīque in servitūtem rapiēbantur. Rōmānī, īrā et
dolōre commōtī, arcem usque ad fīnem dēfendere dēcrēvērunt.

Gallī arcem intentē spectābant; viam invenīre cupiēbant per   5
quam rūpem ascenderent. tandem iuvenem per angustam
sēmitam dēscendentem cōnspicātī, hāc viā arcem nocte
oppugnāre cōnstituērunt. haec pars arcis ā Rōmānīs nōn
dīligenter custōdiēbātur, quod tam praerupta erat. Gallī igitur,
tacitē ascendentēs, ad summam arcem ita pervēnērunt ut Rōmānī   10
nōn eōs audīrent. sed sacrī ānserēs, quī in āreā templī Iūnōnis
tenēbantur, tantum strepitum fēcērunt ut Manlium, ducem
Rōmānum, excitārent. deinde aliī Rōmanī ad hanc arcis partem
contendērunt et mox Gallī dēpellēbantur.

nunc tamen frūmentum Rōmānōrum dēficiēbat, et Gallī, hanc   15
cibī inopiam suspicātī, eō ācrius obsidēbant. tandem Rōmānī, ut
Gallōs dēciperent, hoc callidum cōnsilium invēnērunt. cum
omne reliquum frūmentum collēgissent, pānēs fēcērunt. tum ut
abundantiam cibī ostenderent, pānēs dē arce inter hostēs
dēiēcērunt. Gallī, quod longam obsidiōnem facere nōlēbant,   20
paucīs post diēbus ab urbe discessērunt.

arx, arcis, f. *citadel*
obsideō, -ēre, obsēdī *besiege*
dēcernō, -ere, dēcrēvī, dēcrētus
  determine, resolve
angustus, -a, -um *narrow*
sēmita, -ae, f. *path*
ānser, ānseris, m. *goose*
ārea, -ae, f. *courtyard, precinct*

strepitus, -ūs, m. *din, racket*
dēpellō, -ere *drive back, down*
dēficiō, -ere *run out*
inopia, -ae, f. *shortage*
eō ācrius *all the more keenly*
reliquus, -a, -um *remaining*
pānis, -is, m. *bread, loaf*

35 The terrible effects of panic and suspicion

The Roman historian Tacitus relates the event, on which this
story is based, when describing the Roman campaigns of A.D. 28
against the Frisii, a tribe living across the lower Rhine.

dum Rōmānī bellum in Germāniā faciunt, centuriō quīdam et
nōnnūllī mīlitēs, locum quaerentēs ubi dormīrent, vīllam
dēsertam in silvā invēnērunt. cum cēnam cōnsūmpsissent,
centuriō duōs mīlitēs forās mīsit, quī vīllam custōdīrent; cēterī
mīlitēs ad cubicula discessērunt. quōrum ūnus, nōmine   5
Quīnctilius, cum sonum mediā nocte audīvisset, 'vīlla ab
hostibus oppugnātur,' sibi dīxit, et per fenestram dēsiluit.
    intereā custōdēs, propter tenebrās et silentium noctis et quod
hostēs prope erant, pavōre afficiēbantur. subitō sonum hominis
dēsilientis audīvērunt. 'hostēs vīllam oppugnant,' sibi dīxērunt,   10
et simul hominem fugientem cōnspexērunt. ignārī errōris suī
eum statim interfēcērunt et inter arborēs sē cēlāvērunt.

    mox lūna plēna fulgēbat. tum cēterī mīlitēs amīcum mortuum
vīdērunt; atque fulgōrem gladiōrum inter arborēs cōnspicātī, illī
quoque pavōre afficiēbantur. 'vīlla ab hostibus circumdatur,' sibi   15
dīcēbant, 'et illī amīcum nostrum iam interfēcērunt.' tum mīlitēs
quīdam, suspīciōne incēnsī, centuriōnem accūsābant. 'ille nōs
hūc dūxit; scīlicet pecūniā corruptus, hostēs quoque hūc dūxit.'
sed centuriō rogābat eōs cūr nōn statim hostēs oppugnārent.
'vōs,' inquit, 'estis perfidī; vōs estis Germānōrum ministrī!'   20
    deinde omnēs inter sē pugnābant et Rōmānī ā Rōmānīs
interficiēbantur. tanta erat pavōris et suspīciōnis potentia ut mox
omnēs mortuī essent.

quīdam *a certain*	fulgor is derived from 'fulgēre'
forās *outside*	circumdare *surround*
sonus, -ī, m. *sound*	hūc *to this place*
desiliō, -īre, -uī *jump down*	scīlicet *obviously*
propter *on account of*	pecūniā corrumpere *bribe*
tenebrae, -ārum, f. *darkness*	minister, -trī, m. *paid agent*
affíciō, -ere, -fēcī, -fectus *affect, overcome*	potentia, -ae, f. *power*
simul *at the same time*	

1 Where were the Romans making war at the time of the
   incident?
2 What did the centurion and his men find? In what state was it?
   What were they doing at the time?
3 At what stage of the evening did the centurion post guards?
   How many men did he post? What did the rest do?
4 At what time, and for what reason, did Quinctilius wake up?
5 What did he think was happening, and what did he therefore
   do?
6 What three circumstances made the guards panicky?
7 What deed did they do, in error? Why did they hide in the
   trees?

36 An odd guest

Diogenes was the founder of the 'Cynic' school of philosophy,
much concerned to expose and ridicule the vanities and luxuries
of society.

vir dīves cēnam dabat. Diogenēs invītātus est. Diogenēs togam
sordidam induit, neque barbam totondit, neque capillōs cōmpsit.
cum domum virī dīvitis advēnisset, servī eum abēgērunt.
'abī, sceleste!' inquiunt servī. 'tū es pauper. nēmō nisi vir
cōmptus hūc admittitur.'   5

Diogenēs, cum domum suam rediisset, togam celeriter mūtāvit,
barbam totondit, capillōs cōmpsit. domum virī dīvitis regressus,
sine morā admissus est; nam togam splendidam nunc gerēbat.

nunc cibus eī offerēbātur, vīnum fundēbātur. Diogenēs tamen
cibum et vīnum in togae sinum effūdit. omnēs obstipuērunt et   10
causam quaerēbant.

at Diogenēs 'bibe!' inquit, 'et cibum cōnsūme, ō optima toga!
nam tū, nōn ego, ad cēnam invītāta es!'

induō, -ere, -duī   *put on*
tondeō, -ēre, totondī, tōnsus   *cut, crop, clip*
abigō, -ere, abēgī, abāctus   *drive away*
nisi   *except*
cōmptus   *perfect participle of the verb 'cōmere', see line 2. The participle is not*
  used here in the simple literal sense of the verb, which you can probably guess
  in line 2, but means 'elegant', 'well turned-out' etc.
mūtō, -āre   *change*
sine morā   *without delay*
sinus, -ūs, m.   *fold (the hanging fold at the front of a toga)*
obstipēscō, -ere, obstipuī   *be amazed, astonished*
quaerō, -ere   *remember that as well as the common meaning of this verb, the*
  English words 'query', 'question' etc. are derived from it.

37 Physician, heal thyself

This story, in one form or another, is told about most great comedians, so perhaps it is also true of the great Roscius, comic actor and friend of the Roman orator, Cicero.

Roscius erat cōmoedus nōtissimus. tam perītē cachinnōs audientium excitābat, ut cīvēs eum magnopere amārent; magnās dīvitiās quoque habēbat.

cotīdiē in urbem prōfectus, multīs fautōribus comitantibus, in forō cum amīcīs sermōnem habēbat; deinde ad thermās ībat;   5 thermīs recreātus, ad theātrum prōcēdēbat. postrēmō, vespere appropinquante, domum regressus, cum paucīs convīvīs magnificē cēnābat.

sed Roscius tristissimus erat; neque sciēbat cūr tam tristis esset, neque ūllō modō tristitiam exuere poterat. tandem sibi   10 dīxit 'morbus mentem meam opprimit.' itaque, cum ad medicum īvisset, ōrāvit eum ut tristitiam levāret. medicus, quod occupātissimus erat, Roscium in theātrō numquam vīderat; eum igitur nōn agnōvit. 'tibi necesse est,' inquit, 'saepius rīdēre.' deinde eī persuādēbat ut cōmoediās spectāret. 'ille Roscius tē   15 sānāre potest!'

cōmoedus, -ī   *comic actor*
excitāre   *arouse, stimulate*
dīvitiae, -ārum   *riches*
convīva, -ae, m.   *dinner-guest*
ūllus, -a, -um   *any*
exuere   *shake off*
mēns, mentis, f.   *mind*
opprimere   *oppress*
levāre   *relieve, lighten*
occupātus, -a, -um   *busy*
saepius   *more often*

38 A soldier makes his emperor blush

The first emperor, Augustus, made a point of being only the
'chief citizen', or 'princeps', and on many occasions really lived
up to this idea.

mīlitī cuidam, quī in exercitū imperātōris meruerat, necesse erat
diē certō ad basilicam venīre ut sē dēfenderet. advocātum tamen
sēcum dūcere volēbat, quod ipse causam dīcere nōn poterat.
itaque ad Augustum in pūblicō appropinquāvit rogāvitque ut sibi
adesset. ille, cum advocātum ex comitātū suō ēlēgisset, mīlitem   5
eī commendāvit. at mīles, cum in corpore cicātrīcēs Caesarī
ostendisset, magnā vōce exclāmāvit: 'nōn ego, Caesar,
perīclitante tē in Actiacō bellō[1], vicārium quaesīvī, sed prō tē
ipse pugnāvī!'
   ērubuit Caesar et ipse advocātus vēnit. nōlēbat enim ingrātus   10
vidērī.

[1] The campaign of 31 B.C., when Augustus defeated Mark Antony and Cleopatra
   in the civil war and became master of the Roman world.

cuidam   *dative of 'quīdam', 'a certain'*
mereō, -ēre, -uī   *earn pay, i.e. to serve in the army*
certus, -a, -um   *fixed, set, appointed*
basilica, -ae, f.   *law-court*
advocātus, -ī, m.   *counsel, barrister, advocate*
causam dīcere   *plead one's case*
adesse +dat.   *stand by, assist*
comitātus, -ūs, m.   *entourage, following*
commendāre   *entrust*
cicātrīx, -īcis, f.   *scar*
perīclitārī   *be in peril, danger*
bellum Actiacum   *the campaign at Actium*
vicārius, -ī, m.   *substitute, stand-in*
videor, vidērī   *seem, appear*

39 How to represent Agamemnon on stage

The art of the 'pantomimus' (mime-actor) lay in knowing exactly what movements or gestures would best express a character or the meaning of the play. This story is about two experts who disagreed on the best way to handle an important moment in a play about Agamemnon, leader of the Greeks in the Trojan war.

Pyladēs omnibus pantomīmīs excellēbat. artem suam tam penitus cōgitāverat ut omnēs sēnsūs, omnia genera hominum exprimere posset. atque dīscipulum habēbat, nōmine Hylam, quī magistrum suum arte aemulābātur. aliī Pyladī favēbant, aliī Hylae. 5
   ōlim Hylās fābulam quandam agēbat, cuius ultima verba erant 'Agamemnona magnum'. ut haec verba exprimeret, Hylās sublīmem et ingentem speciem praebēre cōnātus est.
   at Pyladēs, quī inter spectātōrēs sedēbat, exclāmāvit: 'tū Agamemnona longum, nōn magnum facis!' 10
   deinde spectātōrēs eandem fābulam eum agere coēgērunt, et cum ad locum vēnisset quem reprehenderat, hominem cōgitantem imitābātur. nam magnō ducī, ut ille putābat, imprīmīs decōrum erat prō omnibus cōgitāre.

excellere +dat.   excel, surpass, outdo
penitus   deeply
sēnsus, -ūs, m.   feeling, thought, emotion
genus, -eris, n.   kind, sort
exprimere   express
aemulor, -ārī   rival
sublīmis   lofty
speciēs, -ēī, f.   appearance
eandem   the same
reprehendō, -ere, -dī   find fault with, criticise
ut (without subjunctive clause)   as
imprīmīs   above all

40 A clever plot designed to win the favour of Sejanus

Sēiānus erat Tiberiī minister; Tiberiī favōrem ōlim adeptus erat
quod vītam eius servāverat. Germānicus, quī hērēs Tiberiī fuerat,
nūper mortuus erat, et Sēiānus nōn sōlum fīliōs Germānicī
māiestātis accūsāverat, sed tōtam domum eius ēvertere
conābātur, ut, omnibus hērēdibus interfectīs, ipse fīliam Tiberiī   5
dūceret et imperātor posteā fieret. itaque Sabīnus odiō erat
Sēiānō; nam mortem Germānicī semper querēbātur; et,
quamquam multī aliī amīcitiam quam cum Germānicō habuerant
repudiāre festīnāvērunt, Sabīnus uxōrem eius adhūc vīsitābat.

eō tempore omnēs senātōrēs quī ad māiōrēs honōrēs pervenīre   10
volēbant, Sēiānum adībant; nam ille sōlus cōnsulēs ēligēbat et
aliōs honōrēs prō imperātōre dabat. quattuor senātōrēs igitur,
Latiāris et trēs amīcī, ut Sēiānī favōrem adipīscerentur, Sabīnō
īnsidiās parāre cōnstituērunt. Latiāris eum ad cēnam invītāvit et
amīcōs iussit in tectō trīclīniī sē cēlāre. illīs per rīmās   15
audientibus, sermō dē morte Germānicī inter Latiārem et
Sabīnum habēbātur. Sabīnus, īnsidiās nōn suspicātus, nōn sōlum
Sēiānum vituperāre coepit, sed etiam Tiberium. hōc audītō
Latiāris postrīdiē Sabīnum māiestātis accūsāvit; nam trēs huius
sermōnis testēs habēbat. Sabīnō sīc condemnātō, Latiāris et amīcī   20
posteā cōnsulēs ā Sēiānō factī sunt.

adipīscor, -ī, adeptus (deponent) *obtain*	repudiāre *disown, reject, repudiate*
māiestās, -ātis, f. *treason*	māiōrēs honōrēs *higher office*
ēvertere *overthrow, ruin*	ēligere *choose*
dūcere *marry*	prō *on behalf of*
fīō, fierī *become*	tectum, -ī, n. *roof*
queror, -ī, questus (deponent) *complain of, grieve for*	rīma, -ae, f. *crack, chink*
	testis, -is, m. *witness*

1 How had Sejanus won Tiberius' favour?
2 Whom had Sejanus accused of treason?
3 Why did Sejanus particularly want the house or family of
  Germanicus ruined? What two steps did he hope to take
  subsequently?
4 What two things did Sabinus persist in doing which aroused
  Sejanus' hostility to him?
5 In what way did Sabinus' behaviour thus contrast with the
  behaviour of many others?

41 Brutus and Mother Earth

King Tarquin, the last king of Rome, has sent his two younger sons, Titus and Arruns, to Delphi, to ask the Delphic oracle to explain a terrible omen. They have taken Brutus along with them, and while they are at Delphi, apart from getting an explanation of the omen (which is another story), they also ask the oracle about who is to rule Rome in the future.

cum iuvenēs mandāta patris effēcissent, valdē cognōscere cupiēbant ad quem eōrum rēgnum Rōmānum esset ventūrum.

    vōx audīta est, ex īnfimō specū missa: 'ille homō imperium summum Rōmae habēbit, quī prīmus inter vōs ōsculum mātrī dederit.'   5

    Titus et Arruns omnēs hanc rem tacēre iussērunt, nē frāter Sextus, Rōmae relictus, rem cognōsceret. cōnstituērunt sorte dēcernere uter prior, cum Rōmam rediissent, mātrī ōsculum daret.

    sed Brūtus, quī Pȳthiae respōnsum audīverat, humī prōcubuit,   10
velut prōlāpsus esset. quō factō terram ōsculō contigit. terra enim omnium mortālium māter est.

    postquam Rōmam rediit, rēge Tarquiniō expulsō, prīmus cōnsul factus est. sīc summum imperium Rōmae adeptus est.

essęt ventūrum   *would come*
īnfimus   *lowest (part of)*
specus, -ūs, m.   *cavern*
tacēre   *be silent about*
sorte dēcernere   *decide by casting lots*
uter   *which of them*
Pȳthia   *the priestess of Apollo at Delphi, the Pythia*
velut   *as if*
prōlābor, -ī, prōlāpsus   *trip, fall forwards*
contingō, -ere, contigī   *touch*
adipīscor, -ī, adeptus   *obtain*

42 How the emperor's wife was blackmailed and a stolen letter found

pantomīmus quīdam nōmine Pyladēs epistulam ad Augustam,
uxōrem imperātōris, scrīpserat. in hāc epistulā erant multa verba
amōris. Augusta igitur, cum epistulam lēgisset, ērubuit, atque
epistulam cōnfestim complicātam in mēnsā posuit; nam
imperātōrem et lībertum eius Pallantem intrantēs cōnspexerat.   5
imperātor nihil animadvertit, sed Pallās rubōrem dominae
suae vīderat. cum epistulam quoque in mēnsā iacentem
cōnspexisset, eam abstulit. Augusta autem nihil dīcere poterat,
quod imperātor aderat; nam īram eius timēbat.

deinde Pallās coēgit Augustam omnia sua scelera adiuvāre.   10
Augusta eī placēre volēbat nē ille epistulam imperātōrī
ostenderet. tandem Augusta ministrīs suīs imperāvit ut
epistulam clam reciperent. conclāvia Pallantis inspiciēbantur,
fidēs servōrum temptābātur, Pallās ipse in viā oppugnātus ā
'latrōnibus' nūdātus est. sed Pallās epistulam tam bene cēlāverat   15
ut eam invenīre nōn possent.

'epistula,' inquit Augusta, 'in tablīnō cēlāta est; nam Pallās
hinc ad tablīnum rēctē contendit; tablīnum dīligentius
inspiciendum est; pulvīnōs scindite, mēnsam et sellās disiungite,
laqueāria rumpite!' hīs tamen omnibus factīs epistulam invenīre   20
nōn poterant.

tandem Augusta Mūsōnium, quī homō sapientissimus erat,
rogāvit ut sē adiuvāret. ille, cum rem diū cōgitāvisset, explicāvit
Augustae quō modō Pallās epistulam cēlāvisset.

'nōnne,' inquit, 'optimum est folium in silvā cēlāre? nam in   25
silvā, quamquam omnēs hoc folium vidēre possunt, quia inter
multa alia folia est, nōn cōnspicuum est.'

ministrī Augustae, Mūsōniī mandāta secūtī, epistulam tandem
invēnērunt in mensā Pallantis cum aliīs epistulīs apertē
iacentem.   30

ērubēscō, -ere, ērubuī   *blush*
cōnfestim   *hurriedly*
complicō, -āre   *fold up*
animadvertō, -ere, -ī   *notice*
rubor, -ōris, m.   *blush*
minister, -trī, m.   *agent*
conclāve, -is, n.   *room*
temptō, -āre   *put to the test*
latrō, -ōnis, m.   *robber*
nūdō, -āre   *strip*
hinc . . . rēctē   *straight from here*
pulvīnus, -ī, m.   *cushion*
scindō, -ere   *rip*
disiungō, -ere   *take to pieces*
laqueāria, -ium, n.   *ceiling-panels*
folium, -ī, n.   *leaf*
apertē   *openly*

1 What reason did Augusta have for wanting to please Pallas and even helping him with his crimes?
2 What did she eventually tell her agents to do?
3 In what three ways did her agents begin trying to follow her orders?
4 Why is the word 'latrōnibus' written in inverted commas in the story?
5 In which room did Augusta think the letter must have been hidden? Why?
6 In what way did Augusta tell her agents to improve their performance?
7 In what three possible hiding-places did she suggest they should look?
8 Why did Augusta pick Musonius to help her?
9 Where does Musonius say is the best place to hide a leaf? Why?
10 Where was the letter finally found?

43 A painter's deceptive skill

Zeuxis et Parrhasius erant optimī pīctōrēs. ōlim inter sē
certāmen habuērunt ut omnēs tandem scīrent uter perītissimus
vocandus esset.
    Zeuxis omnēs ēlegantissimōs cīvēs apud sē arcessīvit. ibi in
pariete peristȳliī suī ūvam pīnxerat. tantam artem exhibuit, ut   5
avis, per peristȳlium volāns, hanc pīctūram rēctē peteret, ut
ūvam cōnsūmeret. spectātōrēs, admīrātiōne affectī, plausum
dedērunt.
    deinde omnēs Parrhasiī domum prōcessērunt. Parrhasius
Zeuxim ad parietem ātriī dūxit. Zeuxis in pariete tapēte vīdit.   10
'agedum!' inquit; 'tapēte dēmovē! cum tapēte dēmōveris,
pīctūram tuam vidēbimus.'
    tum Parrhasius rīsit. 'hoc tapēte,' inquit, 'numquam
dēmovēbitur, nisi pariēs quoque movēbitur. haec est pīctūra
mea!'   15

certāmen, -inis, n. competition
uter which
pariēs, -ietis, f. wall
ūva, -ae, f. bunch of grapes
volō, -āre fly
plausum dare applaud
tapēte, -is, n. curtain
agedum! come on then!
dēmoveō, -ēre, dēmōvī move aside

44 Vicarious living

Calvisius Sabīnus fuit dīves. tam mala erat memoria illīus ut
nōmen modo Ulixis[1] illī excideret, modo Achillis[1], modo
Priamī[1], quōs tam bene quam paedagōgōs nostrōs nōvimus.
nihilōminus ērudītus volēbat vidērī. itaque magnā summā ēmit
servōs, ūnum quī Homērum[2] memoriā tenēret, alterum quī   5
Hēsiodum[2]; aliīs praetereā poētīs aliōs servōs adsignāvit.
postquam haec familia illī comparāta est, coepit convīvās suōs
vexāre. hōs servōs enim ad pedēs habēbat, a quibus versūs
peteret quōs referret; sed saepe, cum servus versum accūrātē
rettulisset, illī tamen in mediō verbō excidēbat.   10
   Satellius Quadrātus igitur, stultōrum dīvitum dērīsor, illum –
hominem aegrum, pallidum, gracilem – hortārī coepit ut
luctārētur. cum Sabīnus respondisset: 'et quō modō possum? vix
vīvō,' 'nōlī, obsecrō tē,' inquit, 'istūc dīcere; nōnne multōs servōs
valentissimōs habēs?'   15

[1] Heroes of the Trojan War; in English, Ulysses, Achilles, Priam.
[2] Famous Greek poets; in English, Homer and Hesiod.

modo . . . modo . . . etc.   *at one moment . . . at another . . . etc.*
excidere   *fall from the memory, be forgotten*
tam . . . quam   *as . . . as*
nōvī (perf. of nōscere)   *know, be familiar with*
ērudītus, -a, -um   *learned, well-read*
vidērī (passive of vidēre)   *seem*
summa, -ae, f.   *sum of money*
adsignāre   *assign*
ad   *by, at*
referō, -ferre, rettulī   *quote*
dērīsor is derived from 'dērīdēre'
gracilis   *thin, scrawny*
luctor, -ārī   *wrestle*
obsecrō, -ārī   *beseech*
istūc   *like that*
valēns, -entis   *strong, sturdy*

45 Masinissa and Sophoniba

*The year is 203 B.C., the last year but one of the Second Punic
War between Rome and Carthage. The Roman forces, under their
great general Scipio, are in Africa now, pressing relentlessly in
on Carthage itself. A Roman army, led by the allied Numidian
prince Masinissa, has just defeated the forces of Syphax, the
Numidian king allied to Carthage. Now Masinissa enters
Syphax's palace. Sophoniba is Syphax's Carthaginian-born wife.*

Masinissae ātrium intrantī in ipsō līmine Sophonība uxor
Syphācis occurrit, et humī prōcumbēns 'deī,' inquit, 'virtūsque et
fēlīcitās tua potestātem in mē tibi dedērunt. sed tē precor nē mē
in cuiusquam Rōmānī superbum et crūdēle arbitrium venīre
sinās.'   5
    pulchritūdō eius erat īnsignis; nōn modo in misericordiam
prōlāpsus est animus victōris, sed quia genus Numidārum est in
venerem praeceps, amōre captīvae victor captus est. id quod
rogābātur prōmīsit. deinde cōgitāre sēcum coepit quō modō
prōmissa efficeret. tandem nūptiās eō ipsō diē parārī repentē   10
iūssit, nē quid Laelius aut Scīpiō ipse in captīvam, quae iam
uxor Masinissae foret, cōnsulere possent.

    at Scīpiō, cum dē nūptiīs audīvisset, Masinissam arcessīvit. 'is
quī voluptātēs,' inquit, 'moderātiōne suā frēnāvit, multō
māiōrem victōriam peperit quam nōs Syphāce victō habēmus.'   15
    Masinissae haec audientī rubor suffūsus est. sed priusquam
Sophonība Rōmam mitterētur, ā Scīpiōne petīvit ut breve tempus
cum eā habēret. tum Sophonībae venēnum obtulit. 'nōn aliō
modō,' inquit, 'possum prōmissa mea praestāre.'
    tum Sophonība pōculum impavidē hausit.   20

līmen, -inis, n. *threshold*
fēlīcitās, -ātis, f. *luck*
quisquam, cuiusquam *any*
arbitrium, -ī, n. *control*
sinō, -ere *allow*
īnsignis *outstanding*
misericordia, -ae, f. *pity*
prōlābor, -ī, prōlāpsus *succumb*
genus, -eris, n. *race, tribe*
in venerem praeceps *susceptible to love, sexual attraction*
nūptiae, -ārum, f. *marriage*
repentē *suddenly*
foret *would be*
cōnsulere *plan to take action*
voluptās, -ātis, f. *pleasure*
frēnāre *rein in, control*
pariō, -ere, peperī, partus *win, get*
rubor suffūsus est *a blush spread over*

1 Where did Sophoniba meet Masinissa and what was he doing?
2 What action of hers accompanied the speech she then made to him?
3 What three agencies did she say had given him power over her?
4 How did she imagine any Roman captor would act towards her?
5 What two emotions were felt by Masinissa?
6 What paradoxical or apparently contradictory state of affairs did the second of these emotions lead to (Look for the author's play on words)?
7 What request of hers did he promise to grant? What problem did this pose?
8 What did he then arrange for that very day! What did he hope to achieve by this speed?

46 Is this philosophy?

iuvenis quīdam ad philosophum nōtissimum epistulam scrīpsit:
'philosophiam dīscō; dē amīcitiā sermōnem habēbāmus et iam
cognōvī quot modīs "amīcus" dīcātur, et "homō" quam multa
significet.'
'ō stultissime!' respondit philosophus. 'nōn haec philosophia   5
est. tū verba distorquēs et syllabās dīgeris. tū sāne collēctiōnibus
huiusmodī studēs: "mūs syllaba est; mūs autem cāseum
cōnsūmit; syllaba ergō cāseum cōnsūmit." scīlicet timendum est
nē in mūscipulō syllabās capiam, aut nē liber cāseum cōnsūmat!
o puerīlēs ineptiās!   10
    'philosophum hominēs adiuvāre oportet. omnēs ad tē manūs
tendunt; auxilium tuum implōrant; et tū nūgīs illīs studēs. dum
urbs oppugnātur, dum senēs fēminaeque saxa in mūnīmentum
mūrōrum congerunt, dum iuvenēs intrā portās signum ēruptiōnis
exspectant, dum terra ipsa cunīculīs tremit, nēmō nisi īnsānus   15
sedet ōtiōsus et tālia meditātur: "id quod nōn āmīsistī habēs;
cornua nōn āmīsistī; cornua igitur habēs."' '

dīscō, -ere   learn
quot modīs   in how many senses
significō, -āre   mean
distorqueō, -ēre   distort
dīgerō, -ere   dissect
collēctiō, -ōnis, f.   syllogism
mūs, mūris, m.   mouse
cāseus, -ī, m.   cheese
ergō   therefore
ineptia, -ae, f.   stupidity, folly
tendō, -ere   stretch out
nūga, -ae, f.   trifle
mūnīmentum, -ī, n.   fortification
congerō, -ere   pile up
ēruptiō, -ōnis, f.   sortie
cunīculum, -ī, n.   underground tunnel, mine
cornū, -ūs, n.   horn

1 What did the young man say in his letter that he was learning?
2 What topic had he been discussing?
3 What two particular things did he claim to have learnt?
4 What did the philosopher say he was really doing instead?
5 Judging by the two examples in lines (7–8) and (16–17) what
  do you think a syllogism is?

58

47 An emperor desperate for military glory

imperātor Gāius, quamquam in castrīs ēdūcātus erat, et cognōmen
suum Caligulam cēperat dē parvīs caligīs mīlitāribus quās gerēbat,
rem mīlitārem semel tantum in prīncipātū attigit. Germānōs
Britannōsque dēbellāre cōnstituit. itaque exercitū parātō in
Galliam contendit. nihil autem amplius cōnfēcit quam Adminium   5
Cunobelinī Britannōrum rēgis fīlium in dēditiōnem recipere. tum,
quasi īnsulā ūniversā victā, epistulam magnificam Rōmam mīsit.

in Germāniā, cum vēram victōriam renūntiāre nōn posset,
paucōs custōdēs Germānōs trans flūmen Rhēnum dūcī et cēlārī
iūssit. post prandium hostēs adesse nūntiātum est. quō factō cum   10
amīcīs et equitibus ē castrīs sē praecipitāvit, et cum Rhēnum
trānsiisset Germānōs speciē captīvōrum in catēnīs redūxit. satis
cōnstat eum deinde exercitum suum ad lītus Ōceanī dūxisse. ibi,
peditibus equitibusque atque etiam ballistīs īnstrūctīs, omnibus
subitō ut conchās colligerent galeāsque complērent imperāvit.   15
hās conchās 'spolia Ōceanī' vocāvit.

caliga, -ae, f. boot
prīncipātus, -ūs, m. reign
dēbellāre conquer
exercitus, -ūs, m. army
amplius more
in dēditiōnem recipere receive in surrender
magnificus, -a, -um boastful
prandium, -ī, n. lunch
sē praecipitāre rush
speciē in the guise (of)
satis cōnstat it is generally agreed
pedes, -itis, m. footsoldier
īnstruō, -ere, -strūxī, -strūctus draw up, line up
concha, -ae, f. shell
galea, -ae, f. helmet
spolia, -ōrum, n. spoils (plunder symbolising victory)

1 Where was Gaius 'Caligula' brought up?
2 What sort of name is 'Caligula' and what was it derived from?
3 What sort of activity did Caligula embark on only once in his
  reign?
4 What were his aims with regard to Germany and Britain?
5 How successful was he in Britain? What did he actually
  achieve?
6 Who was Adminius?
7 What sort of letter did he send to Rome? To what impression
  was it intended to contribute?

48 Themistocles and the walls of Athens

During the great Persian invasion of Greece the two chief Greek
states, Sparta and Athens, had cooperated. But their character
and traditions were very different. For example Athens had a
democratic constitution, whereas Sparta was ruled by two kings;
Athens had a powerful navy, and Sparta relied on her army. So
after the Persian menace receded, their traditional rivalry and
suspicion of each other began to reawaken.

postquam Persae ē Graeciā expulsī et bellō superātī sunt,
Athēniēnsēs mūrōs suōs, ā Persīs dēlētōs, reficere coepērunt.
Lacedaemoniī tamen, quī nōlēbant ūllam urbem validiōrem esse
quam sē, lēgātōs Athēnās mīsērunt, quī nōn sōlum orārent eōs nē
mūrōs reficerent, sed etiam ut cum Lacedaemoniīs aliās urbēs   5
mūrōs reficere prohibērent. hīs rebus dictīs lēgātī Lacedaemoniī,
hortante Themistocle, dīmissī sunt; Athēniēnsēs tamen
respondērunt sē lēgātōs Spartam missūrōs esse, quī haec
disputārent. deinde Themistoclēs cīvibus persuāsit ut ipse statim
Spartam mitterētur, sed cēterī lēgātī Athēniēnsēs domī   10
retinērentur dum mūrī satis altī aedificārentur.
Themistoclēs igitur Spartam prōfectus est, et omnēs cīvēs
Athēniēnsēs diem noctemque labōrābant ut mūrōs ad eam
altitūdinem tollerent dē quā urbs dēfendī posset.
Themistoclēs, cum Spartam advēnisset, rēgēs nōn statim adiit.   15
si quis eum rogāverat cūr in pūblicō nōn appāruisset, dīxit sē
cēterōs lēgātōs exspectāre. sed Lacedaemoniī, cum ā proxenīs
audīvissent Athēniēnsēs mūrōs iam reficere, Themistoclem
perfidiae accūsāvērunt. ille autem dīcēbat rūmōrēs huiusmodī
nōn fīdōs esse; lēgātōs Athēnās mittendōs esse quī vēra   20
cognōscerent. tum Themistoclēs Athēniēnsibus imperāvit ut hos
lēgātōs retinērent nēve dīmitterent priusquam ipse et aliī lēgātī
Athēniēnsēs, quī iam Spartam advēnerant, domum redīrent.
dēnique, cum iam eī nūntiātum esset mūrōs satis altōs
aedificātōs esse, Lacedaemoniīs vēra patefēcit. Lacedaemoniī,   25
quamquam īrātissimī erant, nihil tamen in Themistoclem facere
poterant; nam memoriā tenēbant Athēniēnsēs suōs lēgātōs velut
obsidēs retinēre.

Lacedaemonius, -a, -um *Spartan*
ūllus, -a, -um *any*
lēgātus, -ī, m. *envoy*
disputāre *discuss*   fīdus, -a, -um *trustworthy*
si quis *whenever anybody*   nēve *and not to*
proxenus, -ī, m. *agent (resident in foreign city)*   velut obsidēs *as hostages*

49 How to deal with thunderbolts

Many of the religious rituals that survived from early Rome were extremely primitive in character. For example, the ritual to 'expiate' or neutralise the ill-omened effects of thunderbolts was a ceremony involving the top of an onion, human hair, and a dead fish! This story explains how this ritual originated, and how king Numa tried to ensure it would be reliable (certus). It also recounts the origin of the 'ancilia' – an ancient talisman believed to ensure the permanency of Roman rule.

inter multās aliās dē prīscīs rēgibus nārrātās fābulās fertur
Numam Pompilium cum Iove ipsō sermōnem habuisse. certum
rītum enim cognōscere volēbat quō Rōmānī fulmina Iovis
āverterent. deus rēgī ōrantī adnuisse dīcitur, sed verba ambāge
cēlāta reddidisse. sīc colloquium habēbant: 5
    Iuppiter: caede caput –
    Numa: pārēbimus; caedenda est caepa in hortō meō ēruta.
    Iuppiter: – hominis –
    Numa: – capillōs sūmēs.
    Iuppiter: – animam poscō –   10
    Numa: – piscis habēbis.
deinde rīsit Iuppiter: 'hīs piāculīs fulmina mea prōcūrā, ō vir
nōn ā colloquiō deōrum abigende; sed crās, cum sōl tōtum orbem
prōtulerit, pignora certa imperiī tibi dabō.'
    postrīdiē omnēs Rōmānī convēnērunt. rēx, niveō vēlō vēlātus,   15
manūs sustulit et 'tempus,' inquit, 'adest; ō Iuppiter, prōmissīs
adde fidem.'
    ter tonuit sine nūbe, et scūtum ad terram dēcidit. deinde, nē
hoc scūtum ā prōditōre quōquam auferrētur, Numa undecim alia
scūta similī figūrā fierī iūssit. haec erant ancīlia, et dīligenter in   20
templō Martis cōnservābantur.

prīscus, -a, -um *former, early, ancient*	**sūmō, -ere** *take, receive*
fertur *the story is told*	**piscis, -is, m.** *fish*
rītus, -ūs, m. *ritual, ceremony*	**piāculum, -ī, n.** *expiatory offering*
fulmen, -inis, n. *thunderbolt*	**orbis, -is, m.** *circle*
adnuō, -ere, adnuī *nod assent,' give a*	**pignus, -oris, n.** *pledge, guarantee*
favourable sign	**niveus, -a, -um** *snowy white*
ambāgēs, -is, f. *ambiguity, obscurity*	**ter** *three times*
colloquium, -ī, n. *discussion, dialogue*	**tonō -āre, tonuī** *thunder*
caedō, -ere *cut off*	**scūtum, -ī, n.** *shield*
caepa, -ae, f. *onion*	**prōditor, -ōris, m.** *traitor*
ēruō, -ere, ēruī, ērutus *pull up, dig up*	

50 An important event in the life of the future Emperor Tiberius

Tiberius, dum adhūc iuvenis est, multās victōriās renuntiāvit et
in urbe ad maximōs honōrēs pervēnit. tot prosperīs
cōnfluentibus, integrā aetāte atque valētūdine, subitō sēcēdere
cōnstituit sēque ē mediō quam longissimē āmovēre. sunt quī
affirment eum hoc fēcisse uxōris taediō, quam neque accūsāre   5
aut dīmittere audēret (uxor erat Iūlia Augustī imperātōris fīlia),
neque diūtius ferre posset. quīdam exīstimant, adultīs iam
Augustī līberīs, Tiberium sponte suā sēcessisse, exemplum M.
Agrippae secūtum, quī, M. Marcellō ad mūnera pūblica admōtō,
Mytilēnās abierit, nē, sī Rōmae manēret, obstāre Augustī fīliō   10
vidērētur; quam causam et ipse Tiberius posteā reddidit.

tum autem dīxit sē requiem labōrum cupere. et quamquam
māter eius suppliciter precābātur eum ut manēret, et imperātor
Augustus sē ab eō dēserī querēbātur, in hōc cōnsiliō obstinātē
manēbat. quīn et amīcīs pertinācius retinentibus eum, cibō per   15
quattuor diēs abstinuit. cum tandem Augustus potestātem eī
dedisset, relictīs Rōmae uxōre et fīliō, celeriter Ōstiam contendit,
neque verbum eīs quī comitēs ībant reddidit.

cōnfluō, -ere   accumulate
integer, -gra, -grum   intact
sēcēdō, -cēdere, -cessī   withdraw, retire
affirmō, -āre   state, claim
taedium, -ī, n.   weariness, disgust
exīstimō, -āre   think
sponte suā   of his own accord
mūnera, -um, n.   public duties
admoveō, -ēre, mōvī, -mōtus   promote
reddō, -ere, reddidī   give (in reply)
requiēs, f.   rest
suppliciter   earnestly
dēserō, -ere   abandon, let down
queror, -ī   complain
quīn et   indeed
pertinācius   more persistently
potestas, -ātis   permission

1 What two kinds of success had Tiberius had, abroad and in Rome?
2 What two things are said, in Tiberius' case, to have been 'intact' at this time of his life?
3 What did Tiberius suddenly decide to do? What is the most precise statement that can be made about where he intended to go?
4 Two explanations for this decision take up the rest of the paragraph. What was the first explanation given?
5 What two actions was Tiberius afraid to take in connection with his wife? Why was this so?
6 The second explanation arises out of a fresh state of affairs which had arisen in connection with Augustus' (adopted) children. What was it?
7 In responding to this state of affairs, whose example did Tiberius follow?
8 What had happened to make this man come to a similar decision?
9 Which of these two explanations for his action did Tiberius subsequently favour?

Vocabulary

The vocabulary is presented more or less in the style of the CLC (e.g. the 4th principal part is given as the perfect participle); but information about words is supplied to some extent on a 'need-to-know' basis (e.g. the 4th principal part is not given for verbs whose perfect participle is not used in any of the text), and to some extent with uniformity in mind (e.g. all verbs are listed in the 1st person singular of the present indicative, even when they occur in stories at Unit 1 level).

ā, ab + *abl.* – from; by
abeō, abīre, abiī – go away
aberant – *imperfect of* absum
abigō, abigere, abēgī, abāctus – drive away
abstineō, abstinēre, abstinuī + *abl.* – abstain (from)
abstulit – *perfect of* auferō
absum, abesse, āfuī – be absent
abundantia, abundantiae, f. – abundance, plentifulness
accipiō, accipere, accēpī, acceptus – receive, welcome
accūrātē – carefully, accurately
accurrō, accurrere, accurrī – run up (to)
accūsō, accūsāre, accūsāvī – accuse
āctor, āctōris, m. – actor
acuō, acuere, acuī, acūtus – sharpen
ad + *acc.* – to
addō, addere, addidī – add
adeō, adīre, adiī – approach
adhūc – up until now, still
adipīscor, adipīscī, adeptus – obtain
adiuvō, adiuvāre, adiūvī – help
administrō, administrāre, administrāvī – administer, run
admīrātiō, admīrātiōnis, f. – wonder, admiration
admittō, admittere, admīsī, admissus – admit
adolēscō, adolēscere, adolēvī, adultus (active) – grow up
adsignō, adsignāre, adsignāvī – assign
adveniō, advenīre, advēnī – arrive
aedificium, aedificiī, n. – building
aedificō, aedificāre, aedificāvī, aedificātus – build
aeger, aegra, aegrum – sick, invalid
aetās, aetātis, f. – age, prime of life

afficiō, afficere, affēcī, affectus – affect, move
afflīgō, afflīgere, afflīxī, afflīctus – afflict
agitō, agitāre, agitāvī – chase
agmen, agminis, n. – column, procession
agnōscō, agnōscere, agnōvī – recognise
agō, agere, ēgī, āctus – act
agricola, agricolae, m. – farmer
alius, alia, aliud – other
    aliī . . . aliī – some . . . others
alter, altera, alterum – the other, (a) second
altitūdō, altitūdinis, f. – height
altus, alta, altum – deep, high
ambulō, ambulāre, ambulāvī – walk
amīcitia, amīcitiae, f. – friendship
amīca, amīcae, f. – female friend
amīcus, amīcī, m. – friend
āmittō, āmittere, āmīsī – lose
amō, amāre, amāvī – love
amor, amōris, m. – love
āmoveō, āmovēre, āmōvī – remove
amphitheātrum, amphitheātrī, n. – amphitheatre, arena
amphora, amphorae, f. – amphora (a large 2-handled jar)
ancilla, ancillae, f. – slave-girl
anima, animae, f. – life, soul
animus, animī, m. – mind
ānulus, ānulī, m. – ring
aper, aprī, m. – boar
appāreō, appārēre, appāruī – appear
appropinquō, appropinquāre, appropinquāvī (ad) – approach
aptō, aptāre, aptāvī – fit
apud + *acc.* – at the house of
aqua, aquae, f. – water
arbor, arboris, f. – tree

64

arcessō, arcessere, arcessīvī – summon

argenteus, argentea, argenteum – (made of) silver

ars, artis, f. – skill

ascendō, ascendere, ascendī – climb up

at – but

āthlēta, āthlētae, m. – athlete

atque – and, moreover

ātrium, ātriī, n. – hall

attingō, attingere, attigī – touch, have to do with

attonitus, attonita, attonitum – astonished

auctiō, auctiōnis, f. – auction

audeō, audēre, ausus sum – dare

audiō, audīre, audīvī, audītus – hear

auferō, auferre, abstulī, ablātus – take away, steal

aula, aulae, f. – palace

aura, aurae, f. – (current of) air; in pl. – the air

aureus, aurea, aureum – golden, made of gold

aureus, aureī, m. – a gold piece

aurum, aurī, n. – gold

aut – or

autem – but, however

auxilium, auxiliī, n. – help

āvertō, āvertere, āvertī – turn aside, avert

avia, aviae, f. – grandmother

avidē – eagerly

avis, avis, f. – bird

ballista, ballistae, f. – ballista, catapult (an artillery weapon)

barba, barbae, f. – beard

bellum, bellī, n. – war

bene – well

bēstia, bēstiae, f. – beast, wild animal

bēstiārius, bēstiāriī, m. – beast-fighter

bibō, bibere, bibī – drink

blandus, blanda, blandum – soothing, flattering

bonus, bona, bonum – good
bona n. pl. – goods

brevis, breve – short

Britannī, m.pl. – Britons

cachinnus, cachinnī, m. – laugh

caelum, caelī, n. – sky

Caesar, Caesaris, m. – Caesar (title of the emperor)

calceō, calceāre – see to the hooves of, shoe

caldārium, caldāriī, n. – hot-room (at the baths)

callidus, callida, callidum – clever

canālis, canālis, m. – canal

candēlābrum, candēlābrī, n. – lamp-stand

capillī, capillōrum, m.pl. – hair

capiō, capere, cēpī, captus – catch, take, capture

captīva, captīvae, f. – female prisoner

captīvus, captīvī, m. – captive, prisoner

caput, capitis, n. – head

cārus, cāra, cārum – dear

castra, castrōrum, n.pl. – camp

catēna, catēnae, f. – chain

caudex! – blockhead!

causa, causae, f. – cause

caverna, cavernae – cavern, cave

celebrō, celebrāre, celebrāvī – celebrate

celeriter – quickly
quam celerrimē – as quickly as possible

cella, cellae, f. – store-room

cēlō, cēlāre, cēlāvī, cēlātus – hide

cēna, cēnae, f. – dinner

cēnō, cēnāre, cēnāvī – dine

centuriō, centuriōnis, m. – centurion

certō, certāre, certāvī – compete

certus, certa, certum – fixed, reliable

cēterī, cēterae, cētera, pl. – the rest, the other

cibus, cibī, m. – food

cinis, cineris, m. – ash

circumspectō, circumspectāre, circumspectāvī – look round

Circus Maximus – The Great Circus (chariot-racing arena)

cista, cistae, f. – box

cīvīlis, cīvīle – civil

cīvis, cīvis, m. or f. – citizen

clam – secretly

clāmō, clāmāre, clāmāvī – shout, exclaim

clāmor, clāmōris, m. – shout, cry

claudō, claudere, clausī – shut, enclose

coepī (perfect) – began

cōgitō, cōgitāre, cōgitāvī – think (about), ponder

cognōmen, cognōminis, n. – (third) name, nickname

cognōscō, cognōscere, cognōvī – get to know, find out

cōgō, cōgere, coēgī, coāctus – compel

colligō, colligere, collēgī – collect
color, colōris, m. – colour, racing-colour
comes, comitis, m. – companion
comitor, comitārī, comitātus – accompany
commissiō, commissiōnis, f. –
    opening-ceremony
commodō, commodāre, commodāvī –
    lend
commōtus, commōta, commōtum –
    disturbed, upset
commoveō, commovēre, commōvī,
    commōtus – move (emotionally)
cōmō, cōmere, cōmpsī, cōmptus – comb,
    smarten up
cōmoedia, cōmoediae, f. – comedy
comparō, comparāre, comparāvī,
    comparātus – obtain
compleō, complēre, complēvī, complētus
    – fill
comprehendō, comprehendere,
    comprehendī – seize
condemnō, condemnāre, condemnāvī,
    condemnātus – condemn, find guilty
confessiō, confessiōnis, f. – confession
cōnficiō, cōnficere, cōnfēcī, cōnfectus –
    complete, achieve
cōnfirmō, cōnfirmāre, cōnfirmāvī –
    confirm, strengthen
congregō, congregāre, congregāvī – gather,
    bring together
coniūrātiō, coniūrātiōnis, f. – conspiracy
cōnor, cōnārī, cōnātus – try
cōnservō, cōnservāre, cōnservāvī –
    preserve
cōnsilium, cōnsiliī, n. – plan
cōnsistō, cōnsistere, cōnstitī – halt
cōnspicātus – having caught sight of
cōnspiciō, cōnspicere, cōnspexī – catch
    sight of, see
cōnspicuus, cōnspicua, cōnspicuum –
    conspicuous, noticeable
cōnstituō, cōnstituere, cōnstituī – decide
cōnsul, cōnsulis, m. – consul
cōnsūmō, cōnsūmere, cōnsūmpsī – eat,
    consume
contendō, contendere, contendī – hurry
contentus, contenta, contentum – satisfied
contrā + acc. – against
contrōversia, contrōversiae, f. – debate,
    argument
conveniō, convenīre, convēnī – gather,
    assemble

convīva, convīvae, m. – guest (at dinner)
corpus, corporis, n. – body
cotīdiē – every day
crās – tomorrow
crēdō, crēdere, crēdidī + dat. – trust,
    believe
crūdēlis, crūdēle – cruel
cubiculum, cubiculī, n. – bedroom
cuius – gen. of quī
cum (1) – when
cum (2) + abl. – with
cupiō, cupere, cupīvī – want, desire
cūr – why
cūrō, cūrāre, cūrāvī, cūrātus – see to, look
    after
currō, currere, cucurrī – run
custōdiō, custōdīre, custōdīvī – guard
custōs, custōdis, m. – guard

dē + abl. – about, down from
dea, deae, f. – goddess
dēbeō, dēbēre, dēbuī – ought, must, have
    to
dēcēdō, dēcēdere, dēcessī – die
dēcidō, dēcidere, dēcidī – fall down
dēcipiō, dēcipere, dēcēpī – deceive
dēclārō, dēclārāre, dēclārāvī – declare,
    proclaim
decōrus, decōra, decōrum – fitting
dēfendō, dēfendere, dēfendī – defend
dēiciō, dēicere, dēiēcī – throw down
deinde – then, next
dēlectō, dēlectāre, dēlectāvī – delight,
    please
dēleō, dēlēre, dēlēvī, dēlētus – destroy
dēmittō, dēmittere, dēmīsī – drop
dēmō, dēmere, dēmpsī – take away
dēnique – finally
dēns, dentis, m. – tooth
dēnsus, dēnsa, dēnsum – thick, dense
dērīdeō, dērīdēre, dērīsī, dērīsus – mock
dērīsor, dērīsōris, m. – mocker
dēscendō, dēscendere, dēscendī – come
    down, go down, get down
dēsertus, dēserta, dēsertum – abandoned
dētegō, dētegere, dētexī, dētectus – detect,
    uncover
deus, deī, m. – god
dīcō, dīcere, dīxī, dictus – say
diēs, diēī, m. – day
difficilis, difficile – difficult
dignitās, dignitātis, f. – worth, standing

66

dīligenter – carefully
dīmittō, dīmittere, dīmīsī, dīmissus – dismiss
discēdō, discēdere, discessī – depart, leave
discipulus, discipulī, m. – pupil
discus, discī, m. – discus
dissēnsiō, dissēnsiōnis, f. – disagreement
dissentiō, dissentīre, dissēnsī – disagree
dissimilis, dissimile – unlike
diū – for a long time
dīves, dīvitis – rich
dīvidō, dīvidere, dīvīsī – divide
dō, dare, dedī, datus – give
dolor, dolōris, m. – pain, grief
domina, dominae, f. – mistress
dominus, dominī, m. – master
domus, domūs, f. – house, home
domī – at home
dormiō, dormīre, dormīvī – sleep
dūcō, dūcere, dūxī, ductus – lead
dum (1) + pres. indic. – while
dum (2) + imperf. subj. – until
duo, duōrum – two
dux, ducis, m. – leader, general

ē, ex + abl. – out of, from
eam (from is) – her
ēbrietās, ēbrietātis f. – drunkenness
ecce! – look! see!
ēdūcō, ēdūcāre, ēdūcāvī, ēdūcātus – bring up
efficiō, efficere, effēcī, effectus – carry out
effodiō, effodere, effōdī – dig
effugiō, effugere, effūgī – escape
effundō, effundere, effūdī, effūsus – pour out
ego – I
ēheu! – alas!
eī (dat. of is) – to him, her, it
eius (gen. of is) – his, her, its
ēlegāns, ēlegantis – with good taste, sophisticated
ēligō, ēligere, ēlēgī, ēlectus – choose
ēmittō, ēmittere, ēmīsī – launch, fire
emō, emere, ēmī – buy
enim – for
eō, īre, iī or īvī – go
eōrum (gen. pl. of is) – their
eōs (from is) – them
epistula, epistulae, f. – letter

eques, equitis, m. – horseman; in pl. – cavalry
equus, equī, m. – horse
erat, erant – imperfect of sum
error, errōris, m. – error, mistake
ērubēscō, ērubēscere, ērubuī – blush
estis – (you) are
et – and
etiam – even, also
euge! – hurray!
eum (from is) – him
ēvānēscō, ēvānēscere, ēvānuī – vanish
ēvolō, ēvolāre, ēvolāvī – fly (away)
ex + abl. – out of, from
excitō, excitāre, excitāvī – wake up
exclāmō, exclāmāre, exclāmāvī – shout, exclaim
exemplum, exemplī, n. – example
exeō, exīre, exiī – go out
exerceō, exercēre, exercuī – exercise
sē exercēre – take exercise
exercitus, exercitūs, m. – army
exhibeō, exhibēre, exhibuī – show
expellō, expellere, expulī, expulsus – drive out
explicō, explicāre, explicāvī – explain
exspectō, exspectāre, exspectāvī – wait for
extrahō, extrahere, extrāxī, extractus – pull out

fābula, fābulae, f. – story, play
facilis, facile – easy
faciō, facere, fēcī, factus – make, do
falsus, falsa, falsum – false
familia, familiae, f. – household
fautor, fautōris, m. – supporter
faveō, favēre, fāvī + dat. – support, favour
favor, favōris, m. – favour
fēmina, fēminae, f. – woman
fenestra, fenestrae, f. – window
ferō, ferre, tulī, lātus – bring, carry, bear
ferōciter – fiercely
ferōx, ferōcis – fierce
fessus, fessa, fessum – tired
festīnō, festīnāre, festīnāvī – hurry
fidēs, fideī, f. – loyalty, guarantee
figūra, figūrae, f. – shape, pattern
fīlia, fīliae, f. – daughter
fīlius, fīliī, m. – son
fīnis, fīnis, m. – finish
fīō, fierī, factus sum – become, be made
flamma, flammae, f. – flame

floccī nōn faciō – I do not care a straw for
flūmen, flūminis, n. – river
fluō, fluere, flūxī – flow
fōrma, fōrmae, f. – form
fortasse – perhaps
fortis, forte – brave
fortiter – bravely
fortūna, fortūnae, f. – fortune, fate
forum, forī, n. – market-place
frangō, frangere, frēgī, frāctus – break
frāter, frātris, m. – brother
fremō, fremere, fremuī – roar
frīgidārium, frīgidāriī, n. – cold-room (at
    the baths)
frīgidus, frīgida, frīgidum – cold
frūmentum, frūmentī, n. – grain, wheat
fugiō, fugere, fūgī – flee, run away
fuī – perfect of sum
fulgeō, fulgēre, fulsī – shine
fulgor, fulgōris, m. – shine, glitter
fundō, fundere, fūdī, fūsus – pour
fundus, fundī, m. – farm
fūnēbris, fūnēbre – funeral
fūnus, fūneris, n. – funeral, death
fūr, fūris, m. – thief
fūrtum, fūrtī, n. – theft

Gallī, m. pl. – Gauls (inhabitants of Gaul)
gemma, gemmae, f. – gem, jewel
gēns, gentis, f. – family
gerō, gerere, gessī – wear
gladiātor, gladiātōris, m. – gladiator
gladius, gladiī, m. – sword
glōria, glōriae, f. – glory
Graecus, Graeca, Graecum – Greek
grātiās agere – give thanks
gubernātor, gubernātōris m. – helmsman

habeō, habēre, habuī – have
habitō, habitāre, habitāvī – live
haec (from hic) – this
hauriō, haurīre, hausī – drain, drink down
hercle! – by Hercules!
hērēs, hērēdis, m. or f. – heir
heus! – hey!
hī (from hic) – these
hic, haec, hoc – this
homō, hominis, m. – man
honor, honōris, m. – honour, official post
honōrō, honōrāre, honōrāvī – honour
horreum, horreī, n. – granary, barn
hortor, hortārī, hortātus – encourage, urge

hortus, hortī, m. – garden
hospes, hospitis, m. – host
hospitāliter – hospitably
hostis, hostis, m. – enemy; in pl. – the
    enemy
hūc – to this place, here
huiusmodī – of this kind
humī – on the ground
hunc (from hic) – this

iaceō, iacēre, iacuī – lie
iactō, iactāre, iactāvī – toss
iam – now, already
ībat – imperfect of eō
ibi – there
igitur – therefore
ignārus, ignāra, ignārum – unaware
ignāvus, ignāva, ignāvum – cowardly
ille, illa, illud – that, those
imitor, imitārī, imitātus – imitate, mime
immemor, immemoris – forgetful
immortālis, immortāle – immortal
immōtus, immōta, immōtum – motionless
impavidē – fearlessly
impellō, impellere, impulī – push, drive
imperātor, imperātōris, m. – emperor
imperium, imperiī, n. – rule, government
imperō, imperāre, imperāvī + dat. – order
implōrō, implōrāre, implōrāvī – implore,
    beg for
importō, importāre, importāvī – import
in (1) + abl. – in, on
in (2) + acc. – into, for the purpose of
incendō, incendere, incendī, incēnsus –
    inflame, fire
incertus, incerta, incertum – uncertain
incidō, incidere, incidī – fall
incitō, incitāre, incitāvī, incitātus – urge
    on
incurrō, incurrere, incurrī – run into
indignus, indigna, indignum – unworthy
īnflō, īnflāre, īnflāvī – play a blast on
ingēns, ingentis – huge
ingrātus, ingrāta, ingrātum – unthankful
inīquē – unequally
inquit – says, said
īnsānus, īnsāna, īnsānum – insane, mad
īnsidiae, īnsidiārum, f. pl. – trap, ambush
īnspiciō, īnspicere, īnspexī – inspect
īnsula, īnsulae, f. – island
intellegō, intellegere, intellēxī –
    understand

intentē – intently
inter + *acc.* – among, between
intereā – meanwhile
interficiō, interficere, interfēcī, interfectus
  – kill
intrā + *acc.* – within
intrō, intrāre, intrāvī – enter
inūtilis, inūtile – useless
inveniō, invenīre, invēnī, inventus – find
invītō, invītāre, invītāvī, invītātus – invite
invocō, invocāre, invocāvī – invoke, call
  upon
Iove, Iovis – *abl. & gen. of* Iuppiter
ipse, ipsa, ipsum – himself, herself etc.
īra, īrae, f. – anger
īrātus, īrāta, īrātum – angry
is, ea, id – he, she, it, him, her etc.; this,
  that
ita – in this way, in such a way
  ita vērō – yes
itaque – and so, therefore
iter, itineris, n. (facere) – (make) a journey
iterum – again
iubeō, iubēre, iussī, iussus – order
Iūnō, Iūnōnis, f. – (the goddess) Juno
Iuppiter, Iovis, m. – (the god) Jupiter
iuvenis, iuvenis, m. – young man
īvī, iī – *perfect* of eō

labor, labōris, m. – work, labour
labōrō, labōrāre, labōrāvī – work
lacrimō, lacrimāre, lacrimāvī – weep
laetē – happily
laetus, laeta, laetum – happy
lapis, lapidis, m. – stone
laudō, laudāre, laudāvī – praise
laus, laudis, f. – praise
lectus, lectī, m. – couch, bier
legiō, legiōnis, f. – legion
legō, legere, lēgī, lēctus – read
lēniter – gently
lentē – slowly
leō, leōnis, m. – lion
liber, librī, m. – book
līberī, līberōrum, m.pl. – children
lībertus, lībertī, m. – freedman
lītus, lītoris, n. – shore
locus, locī, m. – place
locūtus – having spoken
longē – far, a long way
longus, longa, longum – long
lūbricus, lūbrica, lūbricum – slippery

lūceō, lūcēre, lūxī – shine
lūdus, lūdī, m. – game; *in pl.* – Games, i.e.
  public entertainment
lūna, lūnae, f. – moon
lupus, lupī, m. – wolf
luteus, lutea, luteum – muddy

maestē – sadly
magicus, magica, magicum – magic
magister, magistrī, m. – teacher
magnificē – magnificently
magnificus, magnifica, magnificum –
  magnificent
magnopere – greatly
magnus, magna, magnum – big, large,
  great, loud
malus, mala, malum – bad
mandāta, mandātōrum, n. pl. –
  instructions
mandō, mandāre, mandāvī – entrust
māne – in the morning
maneō, manēre, mānsī – remain
manus, manūs, f. – hand
Mars, Martis, m. – Mars (god of war)
māter, mātris, f. – mother
mātrimōnium, mātrimōniī, n. – marriage
maximus, maxima, maximum – very large
mē – me
medicus, medicī, m. – doctor
meditor, meditārī, meditātus – meditate
  (on)
medius, media, medium – the middle of,
  middle
melior, melius (meliōris) – better
memoria, memoriae, f. – memory
mēnsa, mēnsae, f. – table
meus, mea, meum – my
mihi – *dat. of* mē
mīles, mīlitis, m. – soldier
mīlitāris, mīlitāre – military
minimē! – no!
minister, ministrī, m. – minister, aide
mīrābilis, mīrābile – strange, wonderful
mittō, mittere, mīsī, missus – send
moderātiō, moderātiōnis, f. – restraint
modo – only
modus, modī, m. – way, manner
moneō, monēre, monuī, monitus – warn,
  notify
mōns, montis, m. – mountain
mōnstrum, mōnstrī, n. – monster
morbus, morbī, m. – disease

morior, morī, mortuus – die
mors, mortis, f. – death
mortālis, mortāle – mortal
mortuus, mortua, mortuum – dead
mox – soon
mūgītus, mūgītūs, m. – mooing, lowing
multus, multa, multum – much, *in pl.*
many
murmillō, murmillōnis, m. – myrmillo
(type of heavy-armed gladiator)
mūrus, mūrī, m. – wall
mūscipulum, mūscipulī, n. – mouse-trap
mūtō, mūtāre, mūtāvī – change

nam – for
nārrō, nārrāre, nārrāvī, nārrātus – tell,
narrate
natō, natāre, natāvī – swim
nauta, nautae, m. – sailor
nāvigō, nāvigāre, nāvigāvī – sail
nāvis, nāvis, f. – ship
nē + *subjunct.* – in order that . . . not; not
to; that, lest
-ne? – *makes a statement into a question*
necesse – necessary
necō, necāre, necāvī – kill
nēmō – no one
nepōs, nepōtis, m. – grandson
neque – and . . . not
nihil – nothing
nihilōminus – nevertheless
nisi – unless, except
nōbilis, nōbile – noble
nōbīs – *dat. of* nōs
nocte, noctū – by night
nōlō, nōlle, nōluī – be unwilling
nōlī! – do not!
nōmen, nōminis, n. – name
nōmine – by name, called
nōminō, nōmināre, nōmināvī – name
nōn – not
nōnne? – . . . not . . .?
nōnnūllī, nōnnūllae, nōnnūlla – some
nōs – we, us
noster, nostra, nostrum – our
nōtus, nōta, nōtum – well-known, familiar
novem – nine
novus, nova, novum – new
nox, noctis, f. – night
nūbēs, nūbis, f. – cloud
nūdō, nūdāre, nūdāvī, nūdātus – strip,
denude

nūllus, nūlla, nūllum – no, none
numerō, numerāre, numerāvī – count
numquam – never
nunc – now
nūntiō, nūntiāre, nūntiāvī, nūntiātus –
announce
nūntius, nūntiī, m. – messenger, news
nūper – recently
nympha, nymphae, f. – nymph

obsidiō, obsidiōnis, f. – siege
obstinātē – persistently
obstō, obstāre, obstitī + *dat.* – obstruct
obstruō, obstruere, obstrūxī – block
occurrō, occurrere, occurrī + *dat.* – meet
Ōceanus, Ōceanī, m. – the ocean, the
Atlantic, other large seas
octō – eight
oculus, oculī, m. – eye
odiō esse + *dat.* – be hateful to, be hated
by
offerō, offerre, obtulī – offer
ōlim – once (upon a time)
ōlla, ōllae, f. – jar
omnis, omne – all
oportet – it is right, necessary
oppugnō, oppugnāre, oppugnāvī,
oppugnātus – attack
optimē – excellently, very well
optimus, optima, optimum – excellent,
very good, best
ōrātor, ōrātōris, m. – orator, speaker
ōrdō, ōrdinis, m. – row, rank
ōrnō, ōrnāre, ōrnāvī – adorn, decorate
ōrō, ōrāre, ōrāvī – beg
ōsculum, ōsculī, n. – kiss
ostendō, ostendere, ostendī – show
ōtiōsus, ōtiōsa, ōtiōsum – idle, in idleness

paedagōgus, paedagōgī, m. – tutor
paene – almost
palaestra, palaestrae, f. – exercise-area,
palaestra
pallidus, pallida, pallidum – pale
pantomīmus, pantomīmī, m. – (mime-)
actor
parātus, parāta, parātum (ad) – ready (for)
parēns, parentis, m. or f. – parent
pāreō, pārēre, pāruī + *dat.* – obey
parō, parāre, parāvī, parātus – prepare
pars, partis, f. – part
parvus, parva, parvum – small

pāstor, pāstōris, m. – shepherd
patefaciō, patefacere, patefēcī – reveal
pater, patris, m. – father
patienter – patiently
paucī, paucae, pauca – few
paulīsper – for a little while
pauper, pauperis – poor
pavor, pavōris, m. – panic
pecūnia, pecūniae, f. – money
pedes, peditis, m. – footsoldier; in pl.
  infantry
penna, pennae, f. – feather
per + acc. – through, along, down
percutiō, percutere, percussī, percussus –
  strike
perfidia, perfidiae, f. – treachery, deceit
perfidus, perfida, perfidum – treacherous
peristȳlium, peristȳliī, n. – garden (with
  colonnade)
perītē – skilfully
perītus, perīta, perītum – skilful
persuādeō, persuādēre, persuāsī + dat. –
  persuade, urge
perterritus, perterrita, perterritum –
  terrified
perveniō, pervenīre, pervēnī (ad) – reach
pēs, pedis, m. – foot
pessimus, pessima, pessimum – very bad
petītiō, petītiōnis, f. – petition
petō, petere, petīvī, petītus – look for,
  make for, ask for
philosophia, philosophiae, f. – philosophy
philosophus, philosophī, m. –
  philosopher
pictor, pictōris, m. – painter
pictūra, pictūrae, f. – painting
pingō, pingere, pīnxī – paint
placeō, placēre, placuī + dat. – please
plaudō, plaudere, plausī – applaud
plaustrum, plaustrī, n. – wagon
plēnus, plēna, plēnum – full
plūma, plūmae, f. – feather
plumbeus, plumbea, plumbeum – (made
  of) lead
plūs – more
pōculum, pōculī, n. – cup
poēta, poētae, m. – poet
poliō, polīre, polīvī, polītus – polish
pompa, pompae, f. – procession
pōmum, pōmī, n. – apple
pōnō, pōnere, posuī, positus – place
porta, portae, f. – door, gate

portō, portāre, portāvī – carry
portus, portūs, m. – harbour
possum, posse, potuī – be able
post + acc. – after
posteā – afterwards, later
postquam – after
postrēmō – lastly, finally
postrīdiē – on the next day
potēns, potentis – powerful
potes, potest, potestis – see possum
potestās, potestātis, f. – power, permission
praebeō, praebēre, praebuī – provide,
  produce
praemium, praemiī, n. – reward
praeruptus, praerupta, praeruptum – steep
praestō, praestāre, praestitī – make good
praetereā – besides
praetōrium, praetōriī, n. – governor's
  house
precātus – having prayed (to)
precor, precārī, precātus – pray (to)
pretiōsus, pretiōsa, pretiōsum – precious,
  valuable
pretium, pretiī, n. – price
prīmum – at first
prīmus, prīma, prīmum – first
prīnceps, prīncipis, m. – prince, chief
prior – first (of two)
priusquam – before
prō + abl. – on behalf of
prōcēdō, prōcēdere, prōcessī – proceed,
  advance
prōcumbō, prōcumbere, prōcubuī – fall
  forwards, lie face downwards
prōcūrō, prōcūrāre, prōcūrāvī – see to,
  deal with
prōferō, prōferre, prōtulī – bring out, bring
  forward
proficīscor, proficīscī, profectus – set out
prohibeō, prohibēre, prohibuī – stop,
  prevent
prōmittō, prōmittere, prōmīsī, prōmissus
  – promise
prōmissum, prōmissī, n. – promise
prope + acc. – near
prōsperus, prōspera, prōsperum –
  prosperous
prōspera, n. pl. – prosperity
prōtegō, prōtegere, prōtexī – protect
prōvincia, prōvinciae, f. – province (of the
  Roman empire)
proximus, proxima, proximum – next

pūblicus, pūblica, pūblicum – public
in pūblicō – in public
puella, puellae, f. – girl
puerīlis, puerīle – childish
pugil, pugilis, m. – boxer
pugna, pugnae, f. – battle, fight
pugnō, pugnāre, pugnāvī – fight
pulcher, pulchra, pulchrum – beautiful
pulchritūdō, pulchritūdinis, f. – beauty
pulsō, pulsāre, pulsāvī – hit
putō, putāre, putāvī – think

quae – from quī
quaerō, quaerere, quaesīvī – look for, ask
quam (1) – from quī
quam (2) – than
quam! – how!
quam celerrimē – as quickly as possible
quamquam – although
quārtus, quārta, quārtum – fourth
quasi – as if
quattuor – four
quem – from quī
quī, quae, quod – who, which
quia – because
quid? – what?
quid – anything
quis? – who?
quisquam – any(body)
quod (1) – because
quod (2) – from quī
quōmodō? – how?
quoque – also
quot – how many

rādo, rādere, rāsī – scrape
rapiō, rapere, rapuī – seize, snatch, carry
    off by force
rebelliō, rebelliōnis, f. – rebellion
recipiō, recipere, recēpī – get back,
    recover
rēctē – (in a) straight (line)
recumbō, recumbere, recubuī – recline
reddō, reddere, reddidī, redditus – give
    back (in reply)
redeō, redīre, rediī – return, go back
redūcō, redūcere, redūxī, reductus – bring
    back
reficiō, reficere, refēcī, refectus – repair
rēgnum, rēgnī, n. – kingdom
regressus – having returned

relinquō, relinquere, relīquī, relictus –
    leave behind
renūntiō, renūntiāre, renūntiāvī – report,
    claim
rēs, reī, f. – thing, matter, story
respondeō, respondēre, respondī,
    respōnsus – reply, answer
respōnsum, respōnsī, n. – reply, answer
rētiārius, rētiāriī, m. – net-fighter
retineō, retinēre, retinuī – keep back,
    retain
retrō – backwards
reveniō, revenīre, revēnī – return, come
    back
rēx, rēgis, m. – king
rīdeō, rīdēre, rīsī – laugh, smile
rīpa, rīpae, f. – bank
rogō, rogāre, rogāvī – ask
Rōma, Rōmae, f. – Rome
Rōmam – to Rome
Rōmae – at Rome
Rōmānus, Rōmāna, Rōmānum – Roman
rosa, rosae, f. – rose
rudēns, rudentis, m. – rope, cable
rūmor, rūmōris, m. – rumour
rumpō, rumpere, rūpī, ruptus – break
    (through)

sacer, sacra, sacrum – sacred
salūtō, salūtāre, salūtāvī – greet
salvē! – greetings!
sānē – of course
sānō, sānāre, sānāvī – heal, cure
sānus, sāna, sānum – healthy, sane
sapiēns, sapientis – wise
satis – enough
saxum, saxī, n. – rock
scaena, scaenae, f. – stage
scelestus, scelesta, scelestum – wicked, (a)
    scoundrel
scelus, sceleris, n. – crime
scīlicet – obviously
scio, scīre – know
scopulus, scopulī, m. – reef
scrībō, scrībere, scrīpsī, scrīptum – write
sē – himself (reflexive), herself,
    themselves
sēcum – with, by himself, herself,
    themselves
secō, secāre, secuī – cut
secundus, secunda, secundum –
    favourable

72

secūtus – having followed
sed – but
sedeō, sedēre, sēdī – sit
seges, segetis, f. – crop
sella, sellae, f. – chair
semel – once
semper – always
senātor, senātōris, m. – senator, member
of the senate
senex, senis, m. – old man
sentiō, sentīre, sēnsī – feel
sermō, sermōnis, m. – conversation, talk
servitūs, servitūtis, f. – slavery
servō, servāre, servāvī – save, keep
servus, servī, m. – slave
sevērē – severely
sevēritās, sevēritātis, f. – severity
sī – if
sibi – dat. of sē
sīc – in this way, so
Sicilia, Siciliae, f. – Sicily
sīcut – just like, as
signum, signī, n. – sign, signal
silentium, silentiī, n. – silence
silva, silvae, f. – wood, forest
similis, simile – similar
sine + abl. – without
sōl, sōlis, m. – sun
soleō, solēre, solitus sum – be accustomed
sollemniter – ceremonially
sollicitus, sollicita, sollicitum – anxious
sōlum – only
sōlus, sōla, sōlum – alone
solvō, solvere, solvī, solūtus – loosen,
undo
sonō, sonāre, sonuī – sound
sonus, sonī, m. – sound
sordidus, sordida, sordidum – dirty
spectāculum, spectāculī, n. – show,
spectacle
spectātor, spectātōris, m. – spectator
spectō, spectāre, spectāvī – watch, look at
splendeō, splendēre – shine
splendidus, splendida, splendidum –
splendid
spondeō, spondēre, spopondī – bet
statim – at once
stō, stāre, stetī – stand
studeō, studēre, studuī + dat. – give one's
attention to
stultus, stulta, stultum – stupid
suāvis, suāve – sweet

sub + abl. – under
subitō – suddenly
sum, esse, fuī – be (am, are, is etc.)
summergō, summergere, summersī,
summersus – sink
summus, summa, summum – utmost, top
of
sumus (from sum) – (we) are
sunt (from sum) – (they) are
superbus, superba, superbum – arrogant,
proud
superō, superāre, superāvī, superātus –
beat, overpower
surgō, surgere, surrēxī – get up
suspendō, suspendere, suspendī –
suspend
suspicātus – having suspected
suspiciō, suspicere, suspexī – look up at
suspīciō, suspīciōnis, f. – suspicion
sustulī – perfect of tollō
susurrō, susurrāre, susurrāvī – whisper
suus, sua, suum – his, her, their (own)
syllaba, syllabae, f. – syllable

taberna, tabernae, f. – inn
tablīnum, tablīnī, n. – study
tacitē – quietly
tālis, tāle – (of) such (a kind)
tam – so
tamen – however
tandem – at last
tantum – only
tantus, tanta, tantum – so great
tē (acc. of tū) – you
tēlum, tēlī, n. – weapon
templum, templī, n. – temple
tempus, temporis, n. – time
teneō, tenēre, tenuī – hold, keep
tenuis, tenue – thin
tepidārium, tepidāriī, n. – warm-room (at
the baths)
ter – three times
terra, terrae, f. – earth, land, ground
tertius, tertia, tertium – third
testāmentum, testāmentī, n. – will
theātrum, theātrī, n. – theatre
thermae, thermārum, f. pl. – baths
tibi – dat. of tū
timeō, timēre, timuī – be afraid of, fear
toga, togae, f. – toga
tolerō, tolerāre, tolerāvī – tolerate
tollō, tollere, sustulī, sublātus – raise

tot – so many
tōtus, tōta, tōtum – whole, all (of)
tractō, tractāre, tractāvī – treat
trādō, trādere, trādidī, trāditus – hand
  over
tragoedia, tragoediae, f. – tragedy
trahō, trahere, trāxī, tractus – drag, pull
trānseō, trānsīre, trānsiī – cross
trānsportō, trānsportāre, trānsportāvī –
  transport
tremō, tremere, tremuī – tremble, quiver
tremor, tremōris, m. – tremor
trēs, tria – three
tribūnus, tribūnī, m. – tribune (army
  officer)
triclīnium, triclīniī, n. – dining-room
tripodes, tripodum, m. pl. – tripods
trīstis, trīste – sad
trīstitia, trīstitiae, f. – sadness
tū – you
tuba, tubae, f. – trumpet
tum – then
tulī – perfect of ferō
turba, turbae, f. – crowd
tuus, tua, tuum – your, yours

ubi – when, where
ubīque – everywhere
ūllus, ūlla, ūllum – any
ultimus, ultima, ultimum – last
umerus, umerī, m. – shoulder
undecim – eleven
ūniversus, ūniversa, ūniversum – whole,
  as a whole
ūnus, ūna, ūnum – one
ūnus ē + abl. – one of
urbs, urbis, f. – city
urna, urnae, f. – jug
usque ad + acc. – right up to
ut – in order to, (with the result) that, to
uxor, uxōris, f. – wife

vacuus, vacua, vacuum – empty
valdē – greatly
valētūdō, valētūdinis, f. – health
validus, valida, validum – strong
vēlō, vēlāre, vēlāvī, vēlātus – veil, cover

vēlum, vēlī, n. – veil
vēna, vēnae, f. – vein
vēnātiō, vēnātiōnis, f. – hunt
vēndō, vēndere, vēndidī, vēnditus – sell
venēnum, venēnī, n. – poison
veniō, venīre, vēnī – come
ventus, ventī, m. – wind
verberō, verberāre, verberāvī – beat, whip
verbum, verbī, n. – word
vērō! – indeed
  ita vērō! – yes!
versus, versūs, m. – line of poetry
vērus, vēra, vērum – true, real
  vēra, n. pl. – the truth
vesper, vesperis, m. – evening
vester, vestra, vestrum – your
vexō, vexāre, vexāvī – annoy, bother
via, viae, f. – road, way
vīcīnus, vīcīnī, m. – neighbour
victor, victōris, m. – victor, winner
victōria, victōriae, f. – victory
videō, vidēre, vīdī, vīsus – see
videor – seem
vīlicus, vīlicī, m. – steward, farm-manager
vīlla, vīllae, f. – house
vincō, vincere, vīcī, victus – conquer,
  defeat
vīnum, vīnī, n. – wine
vir, virī, m. – man, husband
virtūs, virtūtis, f. – courage
vīs – from volō
vīsitō, vīsitāre, vīsitāvī – visit
vīta, vītae, f. – life
vituperō, vituperāre, vituperāvī – abuse,
  blame
vīvō, vīvere, vīxī – live, be alive
vīvus, vīva, vīvum – (when) alive
vix – scarcely
vocō, vocāre, vocāvī, vocātus – call,
  summon
volō, velle, voluī – want, wish
voluptās, voluptātis, f. – pleasure
vōs – you (pl.)
vōx, vōcis, f. – voice
vulgāris, vulgāre – common, vulgar
vulnerō, vulnerāre, vulnerāvī – wound
vult, vultis – from volō

Appendix A: Subject-matter and sources

1 Gladiators being sold at auction. Suetonius, *Gaius* 38.
2 Perseus and Acrisius; throwing the discus.
3 Flute-makers and players; the baths.
4 The lion and the wild ass. Aesop 207.
5 The secession of the plebs; parts of the body on strike. Livy II.32.
6 The emperor Claudius, his wives and freedmen. Tacitus, *Annals* XII.1–3.
7 Romulus, protector-god of Rome. Ovid, *Fasti* II.490ff.
8 The theatre; madness cured by hellebore. Horace, *Epist.* II.2.128ff.
9 The wolf and the lamb. Aesop 221.
10 Sheep-theft on a large country estate.
11 Hannibal in Italy; Tarentum; boar-hunting. Livy XXV.8.
12 Gold, silver and lead. Shakespeare, *Merchant of Venice*.
13 Atalanta and Milanion; a foot-race.
14 Theft of valuables; simple superstition.
15 The sword of Damocles; Dionysius of Syracuse; the troubles of a ruler. Cicero, *Tusc.* V.61.
16 Theseus and Procrustes.
17 The lion and the flea (and a spider). Aesop 188.
18 Aeschylus the tragedian killed by a falling tortoise.
19 The Ptolemies, Caesar, Pompey, and Cleopatra. Plutarch, *Caesar*.
20 Menelaus' 'shipwreck' and rescue of Helen. Euripides, *Helen*.
21 Meleager, Atalanta and the Calydonian boar-hunt.
22 Sicily, corn, slave-risings and strict Provincial governors. Cicero, *In Verrem* II.V.7.
23 A will and some legacies.
24 Disease, death, treasure and poison. Chaucer, *Pardoner's Tale*.
25 Chariot-racing, bets, and a funeral.
26 Vespasian; petitions to the emperor. Suetonius, *Vesp.* 23.
27 Labours of Hercules; king Evander. Cattle-thieving. Virgil, *Aeneid* VIII.190ff & Ovid, *Fasti*.
28 Pan, Syrinx, and the pan-pipes. Ovid, *Metamorphoses* I.689ff.
29 Nero; a conspiracy; military discipline. Tacitus, *Annals* XV.48–71 esp. 67.
30 Soldiers off-duty; the military corn-supply.
31 Romulus; the new city of Rome; love and marriage. Livy I.9.
32 Military fatigues, arms and equipment.
33 The jackdaw; which is to be king of the birds? Aesop 162.
34 Gauls sack Rome; siege of the citadel. Ovid, *Fasti* VI.349ff & Livy V.47.
35 Roman army in hostile German territory. Tacitus, *Annals* IV.73.
36 Diogenes the Cynic; a dinner-party; clothes.
37 Depression of a wealthy actor; doctors.
38 Augustus' approachability; a veteran of Actium. Macrobius, *Sat.* II.4.27.
39 The art of mime-acting. Macrobius, *Sat.* II.4.12.
40 Tiberius, Sejanus, Germanicus; treason; informers. Tacitus, *Annals* IV.68f.
41 The Tarquins and Brutus; oracles. Livy I.56.
42 The emperor's wife, her actor-lover and an Imperial freedman; blackmail. E.A. Poe & G.K. Chesterton.
43 Realism in Art. Pliny, *Natural History* 35, 65.
44 A newly rich man's need to seem well-read in Greek literature; slaves and freedmen. Seneca, *Epistulae Morales* 27.6–8.

45 Scipio, Masinissa and Sophoniba; second Punic War. Livy XXX.12–15.
46 Philosophy and logic-chopping. Seneca, *Epistulae Morales* 49.8 & 48.6–7.
47 Caligula; his German 'mock-victory'; Britain. Suetonius, *Gaius* 43–46.
48 Sparta and Athens after the Persian Wars. Thucydides I.89–91.
49 Numa Pompilius; early Roman religion; the 'ancilia'. Ovid, Fasti III.335ff.
50 Augustus' succession-policy; Tiberius' exile. Suetonius, *Tiberius* 10.

Appendix B: Graded language scheme

Story no.	Language features	CLC stage no.	Unglossed vocabulary not in CLC checklists (Brackets indicate some help given in glossary)
1	**Verbs** Indic act reg conjugs + *sum*: pres 1,2,3 sing, 3 pl; imperf & perf 3 sing and pl. **Nouns** Decls 1–3, nom & acc, sing & pl; decls 4 & 5, nom & acc sing. **Adjectives** in clear positions and contexts. **Prepositions** with acc & abl. **Superlatives**, common irreg + *-issimus* type. *hic* and *ille* as adjectives Simple direct questions. Simple indicative clauses with *quod* (because), *ubi, postquam*.	8	(duo, trēs, octō)
2	Dative case, decls 1–3.	9	
3		9	lūbricus, frīgidus
4	Sentences with subj implicit in verb.	9	bēstia, dīvidit
5	Pres indic of above verbs, 2 & 3 pl.	10	dentēs, (corpus)
6	Verbs taking the dative.	11	(quattuor, quartus)
7	Perf & imperf indic, 1 & 2 sing & pl.	12	addit, dēscendit, accūsat
8		12	īnsānus, voluptās, (vīcīnus, hospes, ēbrietās)
9	Prolative inf (after *volo, possum* etc.) Pres indic *volo*.	13	luteus
10	Pres & imperf indic *volo, nolo, possum*.	14	
11	Neuter of adj + *est* + inf.	14	tolerāre, susurrāre, (nocte, diē)
12	Rel clauses with rel pron in nom.	15	vulgāris, continēre, (cista, plumbeus)
13		15	
14	Pluperf indic act. Comparative of adjs. Rel clauses with rel pron acc.	16	magicus, congregāre
15		17	dēfendere, suspendere, dēmere, tenuis
16	Gen case, decls 1–3, sing.	17	(aptāre)
17	Gen as above, plur.	18	īnflāre
18		19	capillī, prōtegere, dēmittere

39	Deponent verbs, indic tenses as above, + imperf subj. Nouns, decls 4 & 5.	32	dīscipulus, imitārī, putāre
40		32	accūsāre, vīsitāre
41	Future simple & future perf indic act. Deliberative indirect questions.	33	respōnsum, expellere
42	Final clauses with *ne*. Gerundive of obligation.	33	cōnspicuus
43	Future simple indic passive.	34	
44		34	memoria, vexāre, accūrātē

45	Pres subj. Pres infin passive. Sentences introduced by dat pres part.
46	Verbs of fearing. Impersonal gerundive of obligation.
47	Acc and inf (pres & perf).
48	Acc and inf (future). *dum* + subj. *neve* in double indirect command.
49	
50	Generic subj with *sunt qui*. Perfect subj.

not specifically related to numbered stages of CLC.

CAMBRIDGE UNIVERSITY PRESS
Cambridge, New York, Melbourne, Madrid, Cape Town, Singapore, São Paulo, Delhi

Cambridge University Press
The Edinburgh Building, Cambridge CB2 8RU, UK

www.cambridge.org
Information on this title: www.cambridge.org/9780521315920

First published 1987
20th printing 2009

Printed in the United Kingdom at the University Press, Cambridge

A catalogue record for this publication is available from the British Library

ISBN 978-0-521-31592-0 paperback